大丈夫！すべて思い通り。

一瞬で現実が変わる
無意識のつかいかた

Honami

突然ですが、
あなたは今の自分の人生に、
心から満足していますか？

これから先、
「私の未来は明るい！」と
確信をもって言えますか？

毎日を、心からの笑顔で、
わくわくしながら
過ごせていますか？

もし答えに詰まったり、
NOという返事だった場合は、
ぜひ、このまま
読み進めてみてください。

この本を閉じる頃には、
あなたの心が、温かさと、
未来への希望に
満ちあふれますように……。

はじめに

はじめまして、Ｈｏｎａｍｉです。

私は、ＹｏｕＴｕｂｅやＩｎｓｔａｇｒａｍなどを通し、**最小限の力で最大限の力を発揮させ、夢や目標を軽やかに最短距離で叶えるためのヒント**をお伝えしています。

なぜ、そのようなことを発信しているのかというと、**潜在意識という人間の無意識**について研究し、実験を重ねながら、人生を激変させてきたからです。

そのきっかけとなったのは、中学2年生のとき。

このあと本文で詳しくお伝えしますが、一重まぶたで根暗だった私が、その法則を実践したことで、**1カ月で二重まぶたになり、別人のように明るい性格に変わった**のです！

その後も実験を続け、**干物女子からモテ女子に、成績ビリから学年トップへ、願っ**

た大学・就職先に合格。

起業後は年商数億円を達成し、運命の人と出会い、結婚……と、願ったことはすべて叶っていきました。

こうした経験を通して、「自分が現実をつくっている」ということがゆるぎない確信となり、多くの人々に知ってほしいという想いで、3年勤めた会社を飛び出し、25歳のときからフリーのセミナー講師として活動するようになりました。

ただ、その過程でたくさんの失敗を経験しました。

見切り発車で始めた講師業は仕事として成り立たず、気づいたら借金が400万円近くになり、破産寸前に……。お金に苦しんだ時期もありました。

そして、同じように自己啓発を学んでいた仲間も、借金に苦しんだり、人間関係に悩んだりしていました。

これだけ学んでいるのに、なぜ現実がうまく回らないの？

試行錯誤しながら、5年が経ち、ようやく私の中で答えが出ました。

それは、**理論や理屈を学んでわかった気になっているだけで、本当の意味ではそれらを日常生活の中に落とし込み、活用できていない**からです。

「頭」ばかり動いていて、「心」と「体」が動いていない状態。理論や理屈をいくら学んでも、体験がないから腑《ふ》に落ちない……。

私は、「学ぶ」ことよりも超大事なことを、見落としていたのです！

そこで、この本では、中学2年生の頃から約20年間、数多くの失敗をしながら実験を重ねてきた私が、**「これさえやれば必ず現実が変わる！」**という**日常で簡単に実践できること**だけを詰め込みました。

私のYouTubeチャンネル視聴者の方々や、私のオンラインプログラムを受講された方々など、1万人近くの仲間が効果を実証済みです！

正直、「えっ、こんな簡単なこと？」と拍子抜けすることもあるかもしれません。

ですが、**そんな簡単なことなのに、実践できていないために現実が変わらなかったことに気がつきました。**

だまされたつもりでどれか1つでもいいので、実践を継続していただきたいのです。

継続するコツは、楽しんでできているかどうか。

「やらなければいけない」と思うと三日坊主で終わってしまうので、気楽な気持ちでやるのがコツです♪

さらに、**本当に望む未来を軽やかにクリエイトしていけるように、効果的な順番に書き上げました。**

まず1章では、大前提として「現実をつくっているのは自分」であることが腑に落ちるよう、無意識のしくみについてお話しします。

2章では、衣食住など身の回りの不要なものを手放して自分を整え、3章で感覚や感性を取り戻すことで、心が動くようになっていきます。

心が動き出したら、4章で自分自身を愛し、大切にすることを通して魂を磨き、すべてと調和していく段階へ。

最終章の5章では、具体的な方法を通して、あなたの望む未来をクリエイトしていきます。

実は、この順番が大事なのです！

今までいろいろなことを試してもうまくいかなかったと感じる方は、心が動いていなかったからかもしれません。心が動いていない状態で望みを叶えようとしても、残念ながら、なかなか難しいのが現実です。

だからこそ、この本では、読み進めるにつれて、頭ではなく心が動き出すように仕上げています。

実際、この方法を試した方々からのうれしい報告は、数え切れないほど届いています。ほんの一例ですが、以下にご紹介します。

・本当にやりたいことに出合えた
・すべての出来事を前向きにとらえられるようになった
・理想のパートナーと結婚ができた

・パートナーが優しくなり、夫婦仲がよくなった
・長年あきらめていたけど、あっさり妊娠できた
・理想の職場に転職できた
・会社の売上が上がった
・思わぬところから臨時収入があった
・ずっと売れずに困っていた家が売れた
・あきらめかけていた病気が快復に向かった
・自分の顔が好きになり、人から褒められることが増えた
・SNSのフォロワーが1カ月で3万人以上増えた
・趣味で書いていた絵が売れ始めた
・素晴らしいビジネスパートナーと出会えた
・ラッキーな出来事が増えた！

あなたもぜひ、楽しみながらトライしてもらえたらうれしいです。

今は「風の時代」と言われ、世界の価値観が180度転換していく時代に突入しました。

しかし、激動の時代にあっても変わらないことがあります。

それが、「無意識のしくみ」であり、この世の絶対法則です。本書ではそれらを楽しく実践し、体感できるようにしています。

ぜひ、手元に置いて行動してみてください。

時代の変化や、今の自分の状況、これからの未来に、不安を感じている方もいらっしゃるかもしれません。

ですが、今がどんな状態だったとしても、絶対大丈夫です。

この本を手に取っているあなたの未来は、間違いなく明るいものになります。怪しく感じますか？（笑）でも本当です！

本書を通じ、あなたの中に眠る宇宙最大の神秘といわれる無限のエネルギーを、ぜひ味方につけてください。

なりたい自分を、共に楽しみながら叶えていきましょう！

2021年3月

Honami

この本を最大限に活用するルール

本書では、望む未来を手にするための方法をたくさん紹介しています。
これらを有効に活用するために、ぜひ次のルールを心がけてください。
軽やかに最短距離で、望みを叶えられるようになりますよ！

- **1章から読み進め、「手放す→五感を磨く→自分を愛する→望む未来をクリエイトする」の順番に取り組む。**
- **文章を読むだけではなく、本文で紹介している実験や実践をしっかり行う。**
- **頭で理屈を考えるよりも、体感を大切にする（これが最重要！）。**
- **できなかったとしても、決して自分を責めない。完璧にやろうとしなくてOK！**
- **少しでもできたことに対して、自分を思いっきり褒めてあげる。**

第1章

あなたの人生をつくっているのは、あなた自身！

第2章 まずは「手放す」ことから始める

第3章 五感を磨くと「感性の扉」が開かれる

第4章

潜在意識とつながる秘訣は「自分を愛する」こと

第5章 望む未来をクリエイトして、軽やかに夢を叶える！

ブックデザイン　菊池 祐
本文DTP　荒木香樹
撮影　松井元希
イラスト　トツカケイスケ
構成　RIKA（チア・アップ）
校正　東 貞夫
編集　河村伸治

第1章

1

あなたの人生をつくっているのは、あなた自身!

不公平に見える人生の格差は、なぜ生まれるの？

世の中には、楽しそうに仕事をこなし、友達やパートナーにも恵まれて、自分らしく幸せいっぱいで生きている人がいます。

一方で、我慢しながら働いている人、信頼できる友達やパートナーに恵まれず孤独を感じている人、漠然とした不安を抱えて生きている人もいます。

なんだか、**不公平に見える人生。この差はなぜつくられると思いますか？**

実は、その現実をつくっているのはあなた自身です。

「まさか！　そんなネガティブな現実をつくった覚えはありません」とおっしゃるかもしれません。しかし、**今のその現実は、あなた自身が選び、信じた結果**なのです。

「自分が現実をつくっている」ことを私が確信したきっかけは、「はじめに」でも話したように、中学2年生のときでした。

当時の私は、すごく繊細な子どもだったと思います。両親の不仲で家庭内の雰囲気は悪く、学校でも女子がグループをつくり悪口を言い合う状況を見ては、いつも胸が苦しくなっていました。

運動が苦手にも関わらず、親に勧められ嫌々入ったテニス部では、放課後になると体調が悪くなり、自律神経失調症、過敏性腸症候群、鉄欠乏性貧血……いろいろな病気になりました。

同級生の男子には「笑った顔が気持ち悪い」と言われる始末。どこにいても居心地が悪く、毎日具合も悪い。誰を信じたらいいのかもわからない。

「なぜ私は、こんなに妬んだり、ひがんだり、恨んだり、だましあったりしている環境に生まれてしまったんだろう……。こんな世の中に生きるくらいなら、死んだほうがまし！」と本気で考え、自分の人生を呪っていました。

でも、唯一の希望がありました。

それは、片思いをしていた同級生のY君。「もしY君が振り向いてくれるなら、今世、生きてもいいかな」とふと思ったのです（笑）。

そのとき、母から言われていた言葉が浮かびました。それは「あんた、もうちょっと目が大きかったら、可愛かったのにね」というもの。

母はぱっちりの二重まぶたでしたが、私は重たい一重まぶた。

そこで、「二重になったら人生が変わるだろうか」と思い、ネットで〝二重になる方法〟を検索。まぶたの体操をしたり、アイテープでまぶたの癖をつけたりと、努力し始めました。

それと同時に、ネットで見つけた**「ピンクの呼吸法」**（230ページ参照）に衝撃を受けました。**【寝る前にキレイなピンクの空気を吸い、息を吐くときに汚いものを全部出すイメージをしながら理想の自分を想像したら、そうなれる】**とあり、そこにはたくさんの人の「可愛くなった」「顔が変わった」などの体験談が書かれていたのです。今思えば怪しすぎますが、私は藁《わら》にもすがる想いで、1カ月間、ピンクの呼吸法を続けました。

そうしたところ、**本当にたった1カ月で二重が定着し、整形疑惑が出るほど可愛い**

Before（中学1年）

→

After（中学3年）

と言われる顔に変わったのです！　たしかに、まぶたの体操やアイテープはしていましたが、たった1カ月で定着することって、なかなかないですよね。見事に二重になれた私は、「願ったことはなんでも叶うんじゃないか？」と思い始めました。

その後、高校時代は「モテる」「成績トップになる」を現実化するために、部活も入らず、現実創造のさまざまな方法を実践。

そうしたところ、1カ月で7人に告白されるという快挙を果たし、勉強も好きな教科の英語と数学では全国模試で1位に！　大学も就職先も狙ったところだけをピンポイントで受けて合格しました。

会社員をやめて独立した後は、お金が回らず5年ほどどん底を経験しましたが、ある経営者の方に教えていただいた「ご先祖様への誓い」（135ページ参照）など、自分自身を見直していくことを徹底したところ、お金が回るようになりました。

また、YouTubeの登録者数が一気に伸び始めるなど、目に見えない力が後押ししてくれているとしか思えない奇跡にも恵まれるようになりました。

それ以来、やりたいことが好きなだけでき、仕事もどんどん回り出し、大好きだと思える人と出逢わせていただき、本当にありがたいことに、今では幸せすぎる毎日を過ごせています。


中学生まではどちらかというと根暗で人影に隠れているような女の子で、自分が不幸なのは両親や生まれ育った環境のせいだと塞ぎ込んでいました。

しかし、潜在意識や心理学、脳科学、量子力学など、さまざまな学びと挑戦、失敗と成功を通して「自分が現実をつくっている」ということが腑《ふ》に落ち、「周りの状況は関係ない、すべて自分次第なんだ！」と確信していきました。

そうして気がつけば、積極的に理想の人生をつかみとる自分に変わっていくことができたのです。

もし、あのまま周りのせいにして生きていたら、全然違う人生になっていたと思います。

あなたが今、どんな状況だったとしても、心の底から望んでいることは必ず自分で現実にできます。あなたには、その可能性が秘められているのです。

もし今はこの言葉が信じられなかったとしても、私や1万人もの方々が、実践して成果が出たものをこの本でお伝えしますので、ぜひ読み進めながら実践してみてください。

実践し続けることで、必ず、変化が起きていきます。

あなたの人生は無意識に操られている

具体的な実践方法をお伝えする前に、知っておいていただきたい概念が2つあります。

「自分が現実をつくっている」というしくみを腑に落とすために、わかりやすくお話ししますので、ぜひ飛ばさずに読んでください。実験もついていますので、そのすごさを体感してみてくださいね！

まず1つめに知っていただきたい概念は、**私たちの意識の世界について**です。

意識には大きく分けて2つあります。

1つは、**顕在意識**。表面意識とも呼ばれ、「おなかがすいたな～」とか「今日は18時までに家に帰ろう」など、今自覚している意識のことです。

そしてもう1つは、**潜在意識**。別名、無意識とも呼ばれ、自分では気づけない意識のことです。今あなたは呼吸していますし、心臓も動いていますよね？　これらも、意識的に行うわけではなく、無意識によって勝手に行われている活動です。

また例えば、異性といると緊張するとか、いつもあともう少しのところで目標達成できないなど、なぜそうなってしまうのか自分ではわからないし、頭では望んでいないつもりなのに、自動的にそうさせてしまうのが潜在意識の働きです。

あなたは自覚がなくても、**無意識層で「私は異性に嫌われている」「私はいつも目標達成できない」と思い込んでいることで、あなたの行動や感情が潜在意識によって半自動的に操られてしまっている**のです！

心理学を学んだことがある方はご存知かと思いますが、49ページの図のように、顕在意識と潜在意識はよく氷山で表されます。しかも、その割合はなんと、顕在意識が3～5％、潜在意識が95～97％と言われています。

私たちが普段、意識している部分はたったの3～5％だとしたら、顕在意識なんてごく一部。**意識して生きているというよりも、無意識によって生かされている部分の**

ほうが、遥かに大きいわけです。

顕在意識の中心は「論理的思考」です。理論立てて考えたり、計算や分析をしたりしています。だから、良い・悪い、正しい・間違い、こうあるべき、こうしなければならない等の判断をする役割があります。

一方、潜在意識の中心は「感性・感覚・感情」です。潜在意識には、過去に経験したことや言われたことなど、すべての情報が記録されています。

たとえば「あんたは運動できないし、ほんと鈍臭《どんくさ》いわね」「二重だったら可愛かったのにね」等、親に言われた言葉をもしあなたが信じてしまったとしたら、思い込みとして潜在意識に刻まれます。

特に子どもの頃などは、親に言われたことを純粋に信じてしまうことが多いですよね。それによってできた信念によって、あなたの言葉、感情、行動パターンがつくられていくのです。

現に私は中学2年生の頃まで、自分は鈍臭いし可愛くないと思い込んでいた結果、人影に隠れ、自己否定し、信じた通りの人生を歩んでいました。

あなたは、自分自身をどんな人間だと思っていますか？
それは、いつからそう思っているのでしょうか？

きっと、過去のどこかのタイミングで思い込んだ瞬間があると思います。

たとえば、あなたは雨の日は好きですか？　ちなみに私は天然パーマで、雨の日になると髪の毛が爆発し、それを人から指摘され、昔から嫌な気持ちでいました。しかし、ある友人が「お気に入りのレインシューズが履けてうれしい！」と雨の日に言っていたのを見て、「そんな考えもあるのか！」と、「雨の日＝最悪」と思わなくなりました。

このような感情パターンも、過去に体験し、それによって思い込んだ信念によって変わるわけです。

つまり、**潜在意識にどんな情報を刻み込むかで、人生は大きく変わってしまう**ということです。

「美しいね、キレイだね♪」とずっと言われ続けて育ったら、そう信じて生活するので、無意識に美しい所作になったり、そう在るために行動したりするように人間はできているのです。これが潜在意識の力です。

でも、過去の私は自分のことを「ブス」と信じていたので、可愛くなることも諦め、ブスとして生きていました。人から「可愛いですね」と言われても、「どうせウソだわ……」と、その言葉を受け取ることもできませんでした。その状態では、可愛くなるための情報が目の前にあったとしても、目に留めることもできません。

しかし、絶望の中でふと「可愛くなりたい」と思い始めたことから、私はピンクの呼吸法などの情報をキャッチすることができました。

人は自分が思っていること、信じていることしか、情報をキャッチできないのです。

だからこそ、**望まない現実にフォーカスするのではなく、どういう自分で在りたいのか、どういう人生を生きたいのかを潜在意識に入れておくことは、望む現実をつくるために必要不可欠です。**そうすることで、現実化するために無意識が働き出してくれます。

「自分に自信がない」という方も多くいらっしゃいますが、それも単なる思い込みです。「自信がない」と自信満々に信じているだけです。過去に起きた出来事から、そう信じてしまっているだけなのです。

人それぞれ、できることもできないこともたくさんあるはずですが、「自分に自信がない」と信じていると、自分ができないことや自分の欠点ばかりに意識が自然と向くものです。そしてさらに自信がなくなるという負のスパイラルに陥ってしまいます。

そんなときは、今すぐ、自分ができていること、自分の素晴らしいところに、目を向けてみましょう！　どんな些細《ささい》なことでも良いのです。「大変なこともあるかもしれないけれど、今、こうして生きている」「今、自分のためにこの本を読んでいる」目を向けようと思えば、できていることはいっぱいあるはずです。まずは自分自身を小さなことから褒めてあげることで、潜在意識も書き換わっていきます。

今あなたの現実を変えたかったら、潜在意識に良い情報を入れるように〝自己洗脳〟していきましょう。

誰のせいにもせず、自分でつくりたい人生を意図することで、現実は必ずいい方向に変わり始めます。

実験1 意識と無意識を体感する

理想の未来を想像し意図することで、無意識が働き、現実化することを体感してみましょう。

①5円玉に糸を通し、糸の先にくくりつける
②もう片方の糸の先を手で持ち、5円玉をぶら下げる
③手は動かさないまま、5円玉がぐるぐる回るイメージをする

しばらくすると、5円玉が想像通りに回り出します。これは、あなたが「5円玉が回る」と意図することで、無意識にあなたの手と腕の筋肉が微妙に動き、5円玉を回しているのです（もし回らなかった場合は、「回る回る」と言いながら、回るイメージを続けてみてください）。

あなたは磁石であり、エネルギー体である

本の内容を実践する前に知っておいていただきたいことの2つめは、**「この世のすべてはエネルギーでできている」**ということです。エネルギーは言い換えると、波動とも呼ばれます。

「エネルギー」や「波動」というと、目に見えないことなので怪しい世界だと感じるかもしれません。

ですがこれは、物理学や量子力学といった学問で説明がつくのです。そこで、そもそも私たちの体が何でつくられているのかを簡単に見ていきましょう。

身体はまず、心臓、肺、腸、皮膚などの臓器や各器官に分けられます。その臓器や器官は何からできているかというと、細胞です。

細胞をさらに細かく見ると、分子。

分子をさらに細かく見ると、原子。

原子をさらに細かく見ると、原子核。

原子核をさらに細かく見ると、陽子・中性子。ここまでは学校の物理で習うので、覚えている方もいらっしゃると思います。

さらに陽子・中性子を細かく見ると、素粒子。

素粒子は、物質のこれ以上に分割できない最小単位のことです。この素粒子には波の性質があり、その動きを波動といいます。

身体だけではなく、すべての物質が、超ミクロ単位の波を発しているのです。目には見えませんが、確かに存在しています。


特に私たちが日常的によくつかうのが「気《き》」という言葉です。日本語では「病《やまい》は気から」とか「あの人とは気が合う」など、当たり前のように「気」をつかっていますが、いつもこのエネルギーを感じ取っているわけです。

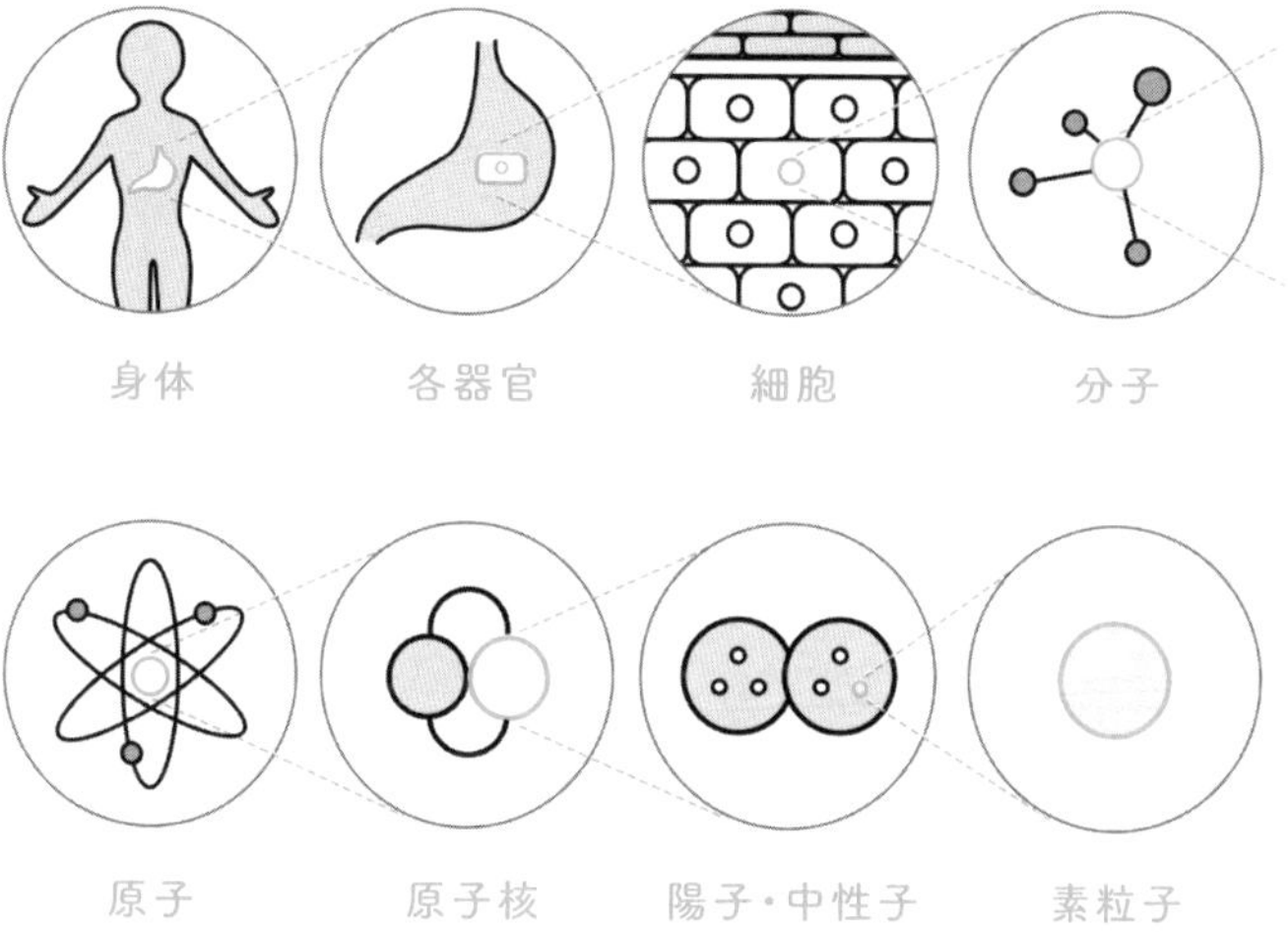

そして、人間の思考、言葉、感情にもエネルギーがあり、すべてのものと影響し合っています。

あなたはいつもどんなことを考えていますか？（思考）
あなたはいつもどんな言葉を発していますか？（言葉）
あなたはいつもどんな気持ちで過ごしていますか？（感情）

それらすべてにエネルギーがあり、同じエネルギーの人や物と同調し、絶えずそれらを引き寄せています。

先述したように、人より少し繊細な子

どもだった私は、これらのエネルギーを敏感に感じ取っていました。自分も人に合わせて悪口を言うと、良くない出来事が自分の周りに集まってくる感覚がありました。あなたにもそんな感覚はありますか？　この感覚も、すべての人にあるので、磨き、研ぎ澄ますことができます。

朝一番に机の角に小指をぶつけ「痛！」と叫び、「今日はついてないなあ……」とつぶやいて家を出ると、忘れ物に気づき、電車にも乗り遅れる始末。会社に着いたら苦手な上司の機嫌が悪く、仕事がやけにその日は多くて深夜残業……みたいな経験はないでしょうか？　嫌なことが起こると、芋づる式に嫌なことが続いた経験。

これも、あなたの思考、言葉、感情のエネルギーが現実を引き寄せてしまっています。

一方、自分を大好きな人は、自分を大好きになってくれる人と出逢います。自分を大事にしている人は、自分を大事にしてくれる人と出逢います。これもエネルギーの法則です。

人だけではなく、物や情報も同じで、すべての物質が自分のエネルギーと同調し、

引き寄せられているのです。

つまり、あらゆる現実は、自分の発しているエネルギーが磁石のように引き寄せ、創造しているというわけです。

この「気」や「エネルギー」を感じ取るのが、あなたの無意識の領域です。いわゆる感覚の部分。「なんとなく良い気がする」という感覚も、理屈や思考ではないですよね。

ですから、あなたの潜在意識を整えていくと、このエネルギーを敏感に感じるようになります。

すると、本来の自分に合った選択がスムーズにできるようになり、夢や現実が叶いやすくなるのです。

実験2

言葉のエネルギーを体感する

オーリングテスト（筋反射テスト）と呼ばれる有名な実験です。2人1組になって行います。言葉のエネルギーが、あなたの体に及ぼす影響を感じることができます。

①Aさんのどちらかの手の、親指と人差し指をくっつけて輪をつくります
②Aさんは「無理」「無理」と言いながら、指が離れないように力を入れます
③BさんはAさんの指が離れるように人差し指と親指を引っ張ります（Aさんの指はすぐ外れてしまうでしょう）
④今度はAさんは「できる」「できる」と言いながら、指が離れないように力を入れます
⑤先ほどと同じようにBさんはAさんの人差し指と親指を引っ張ります（すると、先ほどよりもAさんの指に力が入ることを確認できるでしょう）

他にも、「最悪」「ついてない」「大嫌い」や、「最高」「ついてる」「大好き」などの言葉でも実験してみましょう。

集合的無意識と超意識の壮大な世界

ここで、**潜在意識のさらに深い領域**について、お話をしていきましょう。

先にお話しした「意識と無意識」の概念は、オーストリアの精神科医フロイトが提唱しました。その後、スイスの精神科医ユングが提唱したのが**「集合的無意識」**です。

集合的無意識とは、無意識の部分で人、モノ、万物すべてがつながり合っている領域のことです。先ほどお話しした、個人の過去の記録や思い込みが刻まれる潜在意識よりも深い領域で、すべてが場所・空間をこえてつながっているというのです！

たとえば、「○○さん、元気かな？」と思っていたら、本人から偶然に連絡が来たという経験をお持ちの方もいらっしゃるでしょう。

「シンクロニシティ」という言葉を聞いたことがありますか？　意味のある偶然の一

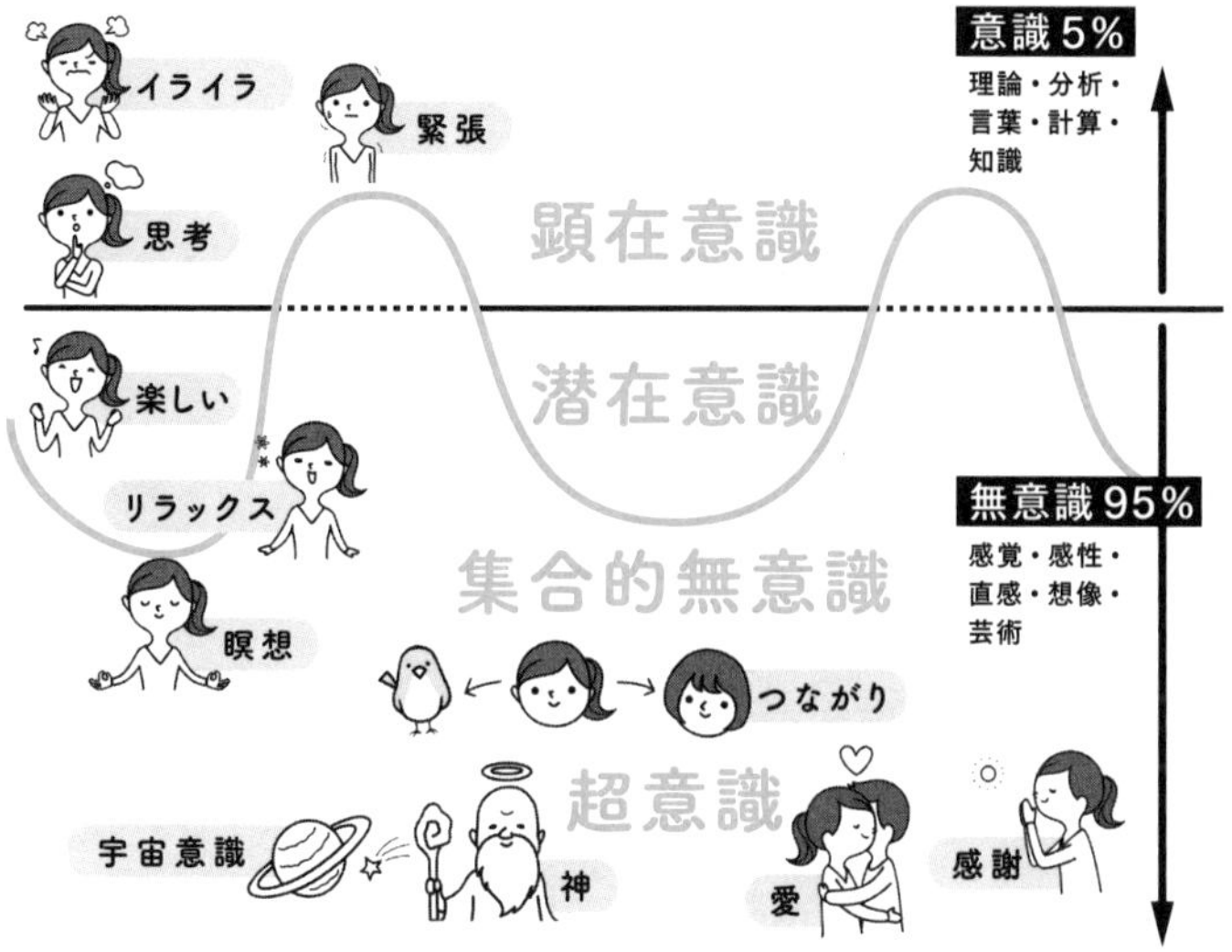

致、共時性とも呼ばれ、ふと思っていたことが偶然、現実に現れたりすることを言います。

一見、偶然に起こったことも、無意識の世界では関係があるということです。量子力学の世界でも「量子もつれ」といって、空間的に遠く離れた2つの素粒子であっても、互いに影響し合うことが確認されています。先ほどお話ししたように、すべてのものが素粒子でできているため、人間だけでなく、物や動植物とも見えない世界でつながっているということです。

そして、そのさらに奥には、超意識や

宇宙意識と呼ばれる領域があります。

ここには無限の可能性が秘められ、愛や感謝のエネルギー、神、サムシンググレート、ゼロポイントフィールド、空《くう》、ハイヤーセルフなど、さまざまな言葉で言い換えられます。

私たちの意識の奥深い部分が、愛や神、宇宙とつながっているというのです！　すごく壮大ですよね。

顕在意識の領域だけで夢を叶えようとしても、3～5％の力なので、なかなかうまくいきません。しかし、95～97％の力を秘めている潜在意識、集合的無意識、宇宙意識の超壮大な無意識領域（以下、これらすべてをまとめて潜在意識といいます）を味方につけることで、恐ろしいくらいスムーズに夢が叶っていくのです。

あなたは、根性・忍耐という言葉を聞いてわくわくしますか？　しないことのほうが多いのではないでしょうか。

これらは、顕在意識で行うものです。先ほどもお話ししたように、私たちの潜在意識が現実を動かしているので、いくら根性・忍耐で頑張っても、潜在意識を味方につけないと、なかなかうまくいきません。**意思の力よりも、潜在意識の力のほうが遥かにパワフルなのです。**

一番大切なのは、**心がわくわくし、幸福感を感じているかどうか。**歯を食いしばりながら嫌々取り組んでいる人と、わくわく楽しみながら取り組んでいる人がいたら、どちらのほうが結果が出やすいかは明確です。

そして、潜在意識にアクセスするためには、「本当は、自分はどうしたいのか？」を明確にすることが重要です。**心の声を聴く**ことです。

そのために、この本ではそんな感覚を磨く方法をたくさん載せました。私たちは、学生時代から勉強して頭を働かせる機会が多くありましたが、それと比べると感覚や感性を磨く機会は少なかったのではないでしょうか。

頭でぐるぐるしている意識を一旦落ち着かせて、あなたの心や感覚、感性を取り戻していきましょう。子どものような感覚で、無邪気に楽しんで実践してみてください。

心や身体が喜んでいるのを感じるようになり、その結果、エネルギーの法則が働くことで、気づいたときにはうれしい出来事が向こうから集まってくるようになります。

自分の気持ちが変わるだけで、周りも変わる

良くない出来事が起こったとき、どうにかして周りを変えようとしていませんか？たとえば、子どもにガミガミと言うことを聞かせようとしたり、家事や育児に非協力的な夫に文句を言って動かそうとしたり……。

でも、相手を変えようとして変わったことはあるでしょうか。**外側を変えようとしても変わらないどころか、ますます相手は頑なになってしまうのがオチ**です。

私が中学生の頃、母親のとある裏切り行為から、「お母さんなんて大嫌い！」と、母を遠ざけていました。「私がこんなに不幸なのはお母さんのせいだ。お母さんが悪い、お母さんが変わらない限りゆるせない」と、母が変わることを期待していたので

す。

そんな気持ちのまま、高校生になって隣の席の女の子と仲良くなりました。その子の母親も偶然同じ状況でした。放課後2人でカフェに入り、母親の話で共感し合っていたときのこと。

その子がため息をついた後、ポツリとこう言ったのです。

「まあ、母親っていっても、一人の女だからなあ……」

そのように母を見たことがなかった私は、大きな衝撃を受けました。

「そうか、お母さんも完璧なわけじゃない。一人の女性なんだ」

「よく考えたら、お父さんもずっと仕事で、ほとんど家にいない状況だしな。お母さんは寂しかったのかもしれない。共働きで、朝から仕事に出て、家事もこなして、ストレスもたくさんあるだろうな。私はお母さんに理想の母親像を押し付けていただけかもしれない……」と、母を受け入れられるようになりました。その後、母のおかげで今の自分がいるのだと感謝の気持ちを感じられるようになるにつれて、不思議なことに父と母が仲良くなり始め、家の中が穏やかになっていったのです！

それ以前も、現実は全部自分の心がつくり出していると思っていましたが、このときの体験を通して、**「周りの現実を変えようとしなくても、自分のとらえかた、自分の気持ちが変わるだけで、周りは自然と変わっていく」**ということがますます確信に変わりました。これが潜在意識の力です。

望まない出来事が起こったときは、つい外側を変えたくなりますし、イライラすることもありますよね。

しかし、**自分自身のとらえかたしか、変えることはできない**のです。

すべてを受け入れることで、心も解放され、現実も望む方向に整っていきます。

確信度の高いエネルギーと低いエネルギー

あるイベントに誘われて、最初は参加する気はなかったけれど、「どうしてもあなたと一緒に参加したい！」という強い想いを聞いて、「そこまで言うなら……」と、自分の意見が変わるような経験はありませんか。

なぜ相手の想いを聞いて、自分の考えが変わるのかというと、**大きい（確信度が高い）エネルギーは、小さい（確信度が低い）エネルギーに影響を与える**からです。

これもエネルギーの法則。これを知っていると、あらゆる場面で自分のエネルギーを使って現実を動かすことができます。

私は会社員時代、商業施設で店舗マネジメントをしていました。あるとき、施設を貸し切ってイベントを行う企画が上がっていたのですが、ある店舗の店長が、やりたくないと断ってきました。

その店長は以前から難しい性格の人だと社内で噂されていました。社員全員の想像通り、話がうまくまとまらず、みんな頭を抱えていました。

当時、私は新入社員でした。そんな様子を見ながら「店長をややこしい人と見ているから、ややこしい人になっているに違いない」と思い、「私が話に行ってきます！」と一人で、その店長のところに交渉しにいきました。

「店長はいい人だ」「絶対受け入れてくれる」という勝手な確信をもって話を聞きに行ったのです。そうしたら、あっさりOKをいただき、企画を実行することに。

ほかの社員は、「なんであの店長がそんなにあっさりOKしたの⁉」と不思議がっていましたが、**根拠がなくても自信満々のエネルギー**でその場に臨めば、自分が思った通りに現実は動き出します。

叶えたいことがあるときは、確信度の高いエネルギーで望んでみてください。根拠のない思い込みでOKです！　叶わないことはほとんどありませんので、ぜひ実験してみてくださいね。

物も人も動かす究極のエネルギーとは？

過去に私が営業の仕事をしていたときに、恐ろしいくらい商品が売れないときがありました。その商品の効果・効能をいくら学んで、目の前の方に説明しても、お相手から「欲しい」と言われないのです。

しかしその後、先ほど紹介した確信度の高いエネルギーの感覚をつかめるようになってから、商品が勝手に売れるようになりました。

その商品を愛し、目の前の方のお役に立てる喜びに思いを馳《は》せるようにしました。そしてお会いする前から、商品を手にして相手が喜んでいる姿をイメージするのです。

お会いしているときも、**「この方が幸せになりますように」という思いでコミュニケーションを取る**ようにします。**会う前も、会っているときも、お相手に愛のエネルギーを送り続ける**のです。気持ち悪いでしょうか？（笑）しかし、このエネルギーの力はすごいのです。

なんとその結果、全国で1位の営業成績になっていました。

この目に見えないエネルギーは、あなたも感じたことがあるはずです。あなたの幸せのために商品を提案する営業マンと、自分の利益のために商品を売りつけようとする営業マン。なんとなく違いを感じ取った経験はないでしょうか。

愛と感謝のエネルギーは、まさに超意識の領域。万物を包み込み、動かす力があるのです。まずは実践し、体験していただきたいと思います。

実験3 超意識のエネルギーを体感する

超意識のエネルギーのすごさを体感してみましょう。2人1組で行います。

①Aさんが床やソファに寝転がります
②Bさんは、Aさんの肩の下に片腕を入れ、Aさんの上半身を力ずくで持ち上げよう

としま す（人の上半身は意外と重いので、なかなか持ち上がりません）

③続いて、Bさんは A さんに心の中で「愛してます」とつぶやきながら、同様に上半身を持ち上げます（すると、先ほどより簡単に上半身が持ち上がるでしょう）

49ページの図にあるように、**超意識は、愛や感謝のエネルギーと共鳴します。**そしてこのエネルギーは集合的無意識より奥の領域で人と調和しています。

実はこの実験で何が起きているのかというと、寝ているAさんの無意識が、Bさんの愛のエネルギーを感じ取り、無意識的にAさんが体を起こしているのです！　**愛のエネルギーを送ることで、相手の潜在意識に働きかけられる**ということです。

Bさんはやってみて難しいと感じた場合、「愛しています」と心の中でつぶやき、Aさんが自分の大好きな人や、赤ちゃんだとイメージしながらやってみましょう。

自己否定は記憶の自動リフレイン

私たちは生まれてから今まで、親や先生など周りの大人から言われてきたことや、相手の反応を見て、「こういうことを言ってはいけない」「こうすると嫌われる」と思い込み、それらが真実だと思ってきました。

そして、それを潜在意識に刻み込み、自分の信じたことが正しいと思って生きてきたのです。

たとえば、「私は話がうまくない」「話すと嫌われる」というように、話をする前から決めつけて、自分の思いにフタをしたことはありませんか?

実際、話してみないとわからないのに、過去の記憶によって自分自身の希望をあきらめて、自己否定している状態です。

過去の記憶による思い込みで目の前のチャンスが失われるとしたら、もったいないですよね。

潜在意識に入っている過去の記憶が反応して、自動的かつ無意識に自分を否定しているだけなのです。

もし自己否定に気づいた場合は、自己否定してしまう原因になった過去の出来事を思い出してみてください。その原因に気がつけば、過去の記憶から繰り返しているパターンを手放すことができます。

あるクライアントさんに、吃音《きつおん》が気になってうまく話せないと悩んでいる女性がいました。実際に話を聞いてみても、それほど気になるものではありません。

そこで彼女に、「いつから気になってるんですか？」と伺うと、しばらく考えた後、「小学生のときかもしれません」と回想してくださいました。

小学生の頃、自分が言った言葉が友達を傷つけてしまい、みんなの前で先生に怒られたことがあったとのこと。友達を傷つけてしまったことを深く後悔したそうです。

それ以来、「自分の思っていることは素直に口に出してはいけない。そうすることで周りが傷つく」と思い込み、言葉を選ぶあまり、吃音になってしまったそうです。

そのことに気づき、子どもの頃の記憶が蘇り、涙を流されていました。

「今、あなたが素直に自分の気持ちを表現されて、皆さんが傷つくと思いますか？」と伺うと、「いえ、そんなことは確かにないですね……」とおっしゃいました。「自由に思ったことを口に出していいですよ」とお伝えすると、スッキリしたお顔になりました。

それ以降、彼女の吃音は自然と改善され、自信を取り戻していかれました。


このように、**自己否定してしまう背景には、自分を抑圧した原因があり、そこが癒されていないので繰り返しているだけです。**

その原因に気づき、「あのときは悲しかったんだな」「悔しかったんだな」と気づいてあげるだけで、過去の記憶が浄化されていきます。

潜在意識がクリアになったら、**本書で紹介しているメソッドを実践し、快適な情報を入れ直しましょう。**

そうすることで、過去の記憶という幻を生きなくてよくなるのです！

✦「叶わない」「できない」も　ぜ〜んぶ思い込み

望みを叶えるためにチャレンジしたほうがいいとわかっていても、「私にはできるわけがない……」と、最初の一歩が踏み出せない方もいらっしゃいます。

その場合は、**「叶わない・できない」と思っている理由を思いつく限り、挙げてみてください。**

たとえば「起業したいけど、できるわけがない」と思っているなら、その理由は、そこまで優秀じゃないから、お金がないから、やり方がわからないから……など。いろいろな理由が出てきますよね。でも、それも**ぜ〜んぶ思い込み**です♪

いつからそう思っているのでしょうか。1つひとつの理由に「それって真実？」と聞いてみましょう。それも過去がつくり出している幻想です。

そして、**「どうしたら望む未来に行けるのか？」という方向に意識を切り替えてみ**

ましょう。

前向きな質問ができると、脳はその質問に答えるために検索をし始めるので、望む未来に行くために必要な出会いを引き寄せたり、ふとしたところからヒントを得たりなど、シンクロニシティがどんどん起こるようになるのです。脳のしくみも本当に素晴らしいので、うまく味方につけていきましょう。

思い込みは過去の記憶からできているだけで、あなたが今信じているものは真実とは限りません。

今何ができるかに意識を向けて過ごすことで、望む未来への一歩を踏み出せます。

思考の癖がリバウンドしない、とっておきの方法

潜在意識に入っている不都合な思い込みは、デトックスしたいですよね！

でも、幼少期のことなど、「あまりにも昔のことすぎて、思い出すことができない」という人もいます。

そういう場合は、思い出せなくても大丈夫です！

たとえば、コップに汚れた水が入っている場合、キレイな水をザバザバと上から入れ続けると、だんだん汚れが中和されていってキレイな水になりますよね。

それと同じで、好きな人と会ったり、好きな物に囲まれる生活をしたり、五感を磨くレッスンをしたりして心地よさを繰り返し味わうことで、潜在意識をキレイに整えることができるのです。

だから、とにかく潜在意識にいい情報を入れるために、繰り返し行動することが大切です。

今までの癖を一発で変えるといっても、現実はなかなか難しかったりします。たとえば、高額なセッションで気づきを得たとしても、家に帰って元の環境に戻れば、また戻ってしまうことってありますよね。実際に、過去の私がそうでした。

私はYouTubeで「**もし私の発信にピンときたのなら、動画を1日1回見て、小さなことでもいいので実践してみてください**」とお伝えしています。それは、環境が変えられないのなら、動画を見ることでその都度思い出して、行動し続けることが一番効果的だからです。もちろん、**この本を1日1項目読んで、そのページに書いてあることをやってみるのもいいですね！**

17ページの「この本を最大限に活用するルール」に、本のつかいかたを書きましたが、ハードルが高いなと感じる場合は、簡単にできそうなことから始めてもOKです！実践し続けた方々は、間違いなくいい方向に進んでいます！　わくわくしながら取り組んでみてください。

潜在意識を自由に扱うカギは「素直さ」

私が実践を大切にする理由は、ただ思っていても何も変わらないことを体験したからです。思考を変えるのは大事ですが、考えかたの部分だけを変えても、行動に移さなければ、ほぼ意味がありません。

現実創造のプロセスは、「こうしたい、こうなりたい」という思考から始まって、言葉になって、感情が動いて、体が動いて行動となり、はじめて現実となるのです。

心だけ整えてもなかなか変われないのは、行動に落とし込まれていないから。

それくらい行動するって、大事なのです。

ここで、すぐ行動に移せる人と、なかなか行動に移せない人に分かれます。

その違いは「素直」かどうか。「素直さ」は、潜在意識を自由に扱えるようになるためのすべてのベースになります。

素直な人って、「これをやれば変わるからやってみて」というと、理屈なしに「はい」と言ってすぐに動きますよね。だから変われるのです。

でも、素直じゃないと、自分の思考の枠の中で人の話を聞くので、「○○の部分は納得できるからやるけど、△△の部分はそう思えないからやらない」というように、自分に都合よく聞いてしまいがちです。だから、変われません。

特に、いろいろな知識がある人ほど「それ知ってる」と思う傾向にあるので、変わりづらいのです。

知っていることと、実際に行動できていることや体験していることは、まったく別物です。

正直、自分を変えるには行動と、その継続しかありません。実践するハードルが高いと、すぐ挫折してしまいます。だからこそ、実践のハードルを低くして、できた自分に「今日もできた。えらい！」とその都度、喜ぶことが、ものすごく大事になってくるのです。

ところが、できないことばかりに目を向けて、「失敗しちゃった。やっぱりダメだ……」「なんでうまくできないんだろう……」と自分を責めて攻撃すると、落ち込んでしまうので、継続が難しくなります。

小さなことでもいいので、自分を褒めたたえてあげましょう。

肯定的な言葉を自分にかけ続けてあげることで、潜在意識が書き換わり、自己肯定感が上がっていくのです。

そうはいっても、潜在意識を書き換えるなんて難しいと思っている人も多いかもしれませんが、結論からいうと、**難しくありません。簡単です！**

私たちが日本語を話せるのは、子どもの頃から日本語を浴びてきているから。日本語を習得するために、ものすごく努力をした人っていません。

潜在意識の書き換えもこれと同じです。この本に書いてあることを毎日少しでも実践すれば、簡単に変わることができます。

いい現実を望むなら、いい情報を潜在意識に入れていきましょう。難しく考えず、楽しく実験するつもりでトライしてみてくださいね。

現実をつくっているのは、あなたなのですから！

大丈夫、絶対変われます！

第2章

2

まずは「手放す」ことから始める

受け取りたければ、手放すのが先

さて、いよいよ実践をしていきましょう。

まず初めに行うことは、「**不要なものを手放す**」ことです。

衣食住など身の回りに関する物・コトはもちろん、人間関係、不要な思い込みなど、目に見えるものも見えないものも、いらないものはすべて手放していきます。

不要なものをため込むと、あなたの運気が巡らなくなってしまうのです。

いろいろ学んでいるのにうまくいかない現実に悩んでいる方は、いらないものをため込みすぎているかもしれません。

「出入口」とは言いますが、「入出口」とは言いません。出るのが先で、入るのが後です。「呼吸」も「吸呼」とは言いません。まず吐くことが先で、吸うのが後です。「ギブアンドテイク」も「テイクアンドギブ」とは言いません。与えることが先で、受け取るのが後です。

つまり、**良いものを取り込みたかったら、まず出すことが先**なのです。

私は周りから「Ｈｏｎａｍｉって変化の流れが速いよね」とよく言われます。それは自分でも自覚していますが、今の自分に不要だと思ったものは躊躇《ちゅうちょ》なくすぐに手放すので、欲しいものもすぐに手に入るのです。

実際、昔から物もガンガン手放していくタイプで、一時期、頻繁に引っ越しをしていたときは、キャリーバッグ１つだけで引っ越せる状態になっていました（笑）。

なぜそこまで躊躇なく手放せるのかというと、**手放せば入ってくるというエネルギーの流れを信頼している**からです。

実際にやってみるとわかりますが、捨てることで自由な感覚になり、運気が巡るのがわかります。

重いエネルギーが一掃されるので気持ちが軽くなり、フットワークも軽快になるので、考えすぎて動けなかった人も、自然と行動に移すことができるようになります。

なぜこうした変化が現れるのかというと、**手放すことで、気が入れ替わる**からです。

気は、いわゆる素粒子、エネルギーでしたね。

ため込むと気が停滞してしまいますが、手放すことでエネルギーが回り出すのを実感すると思います。**すべてのモノや状況とあなたはつながっている**ので、エネルギーが回り出すことで、混沌としていた状況も整い出すのです。

そのため、望む未来を手に入れたいのなら、最初にすべきことは、ため込んだ不要なものを手放すことから。

これは必要ないな、使わないな、合わないなと思ったら、思い切って処分してみてください。驚くほど身軽になるのがわかります。

次項からは、さまざまな手法を紹介していきます。行う順番などは特に決まりはありません。

ピンときたもの、やりたいことから実践してみてくださいね。

自分の進んでいくステージは服で決まる

クローゼットやタンスに、服がパンパンに入っていませんか？

整理しないとあっという間にたまってしまう服。**2年以上着ていない、もう合わない・必要ないと思ったら、どんどんお別れしましょう！**

私の話でいうと、ここ2～3年で状況が大きく変化し、やることや会う人がどんどん変わってきていることもあり、1年前に買った洋服が今の自分に合わないと感じることもしばしばあります。

ファッションに精通している友人に今ある服を見てもらったところ、「Ｈｏｎａｍｉ、これも、これも、もう合わないから捨てよう！」と言われ、一張羅にならないように最低限のものだけ残して、全部処分しました。

すると、**2020年になってYouTubeの登録者数が爆発的に増えるという現象が起き始めました！**

やることや会う人がさらに変わり出し、去年新たに買った洋服もまた合わないと感じるように。極端ですが、去年買った洋服ともお別れして、また新たに買い直したところです。

私自身、物に執着がない性格ということもありますが、服は、常に新しい自分にアップデートしていくために先読みして手放す感覚を大切にしています。

たとえば、起業して成功したい場合、まだその域に達していなくても、そうなるためにセミナーに投資するなど、自分が望む環境に飛び込みますよね。

服もそれと同じで、**未来にこうなりたいというイメージがすでにあるならば、そのイメージに合う服やバッグ、靴に変えるために、今ある服とお別れして、望む未来に飛び込む準備をしておく**のです。

まさに、「未来の先取り」です！

私は新しい服を1着買ったら必ず1着処分するので、持っている服の枚数はかなり少ないほうだと思います。

最近、オーダースーツをつくっている会社の女性とお話をさせていただく機会がありました。生きかたや経営手法などに感銘を受け、直感で「この方が仕立ててくださるスーツは着たほうがいい」と感じ、オーダースーツをお願いしました。

未来の私にぴったりの素材、色などを選んでいただいたところ、想像以上の素敵なスーツに仕上がりました。

このスーツのお値段は約70万円！　服にこんなにも投資をしたことがなかったので勇気も必要でしたが、次のステージに飛躍するためには必要だと判断しました。

自分の進んでいくステージは、服によって確実に変わります。

だからこそ、合わなくなった服はどんどん手放して、新たなステージに合う服に変えてみてください。

ここで誤解しないでいただきたいのは、高級ブランドが良いという話ではありません。**値段に関係なく、「なりたい自分に合う服」を着ることで、気持ちが上がるかどうかが大事**です！

その喜びのエネルギーが、良いものを引き寄せてくれるのです。

服とともに増えていくのが靴やバッグ、ファッション雑貨、ジュエリーなど。靴は服と同様、一段上のステージに連れていってくれるアイテムなので、お気に入りの靴だけ残して、あとは処分します。

一番よくないのは、玄関が靴であふれている状態です。

玄関は運気が入ってくる入り口です。それなのに、その玄関が靴であふれているようでは、運も逃げていってしまいます。**靴は靴箱に収納できる分だけにして、玄関に物は置かないようにします。**

ストール、アクセサリー、ジュエリー類も整理しないとたまっていきますが、服を捨てるときに合わなくなったものは一緒に処分しましょう。今は、フリマアプリなどもあるので、今必要としている人にお譲りするのもおすすめです。

物は抱えるほどいろいろなエネルギーが混ざるので、必要なものだけにして、シンプルな状態に保っておくのがベストです。

邪気を吸った本や紙類をためない

家の中にたまる紙のナンバー1と言えば本！

本を書いている私が言うのもなんですが（笑）、**紙類は邪気を吸うので、私はなるべく置かないようにしています。**

思い入れが強い本以外は、読んだらどんどん手放します。雑誌、新聞、チラシも同様です。実際、また読むかもしれないと思って本棚にしまっているもので、持っていることすら忘れているものはありませんか。

物も周波数を持っていて、生きています。マザー・テレサの「愛の反対は無関心です」という有名な言葉があります。存在すら忘れ去られている物を、たくさん抱えているということは、愛と反対のエネルギーをたくさん抱えているということです。

これでは運気が上がるはずがありません。

忘れ去っている物があれば、お別れしてください。そのほうがスッキリします。

ほかにも、**年賀状、手紙、名刺といった紙類も、手放しづらいかもしれませんが処分します。**

最近は年賀状のやりとりも減ってきましたが、それでも引き出しやクローゼットにたまっていたりします。年賀状や手紙は、受け取ったときに「うれしいな、ありがたいな」という気持ちになったら、それでお役目は終わりです。どうしてもというものは取っておいてもいいのですが、特段の思い入れがなければ思い切って処分しましょう。

名刺に関しても、もう連絡することもない人の名刺はシュレッダーにかけましょう。どうしても残しておきたいなら、デジタル化しておくのがおすすめです。

不要な紙類を捨てることで、潜在意識もスッキリします。

部屋が汚れてきたら、心が汚れてきたサイン

「部屋の乱れが心の乱れ」とよく聞きますよね。

床や机の上に、物が乱雑に置かれていませんか？　部屋を見渡したときに、ごちゃごちゃしているスペースはないでしょうか。それらと目が合った瞬間に、あなたはどんな気持ちになりますか？

もし「片づいていないな……」と気分が沈むようなら、直ちに片づけましょう。**その気持ちが、あなたの現実をつくっていく**のです。

家の中の視界がクリアであればあるほど、あなたの脳内もスッキリします。

なぜ物がいろいろな場所に散乱するのかと言うと、物の定位置が決まっていないからです。それぞれの定位置を決め、使ったら元の位置に戻しましょう。

引き出しの中、収納ボックス、普段目に見えない収納エリアも、定期的にチェックします。不要品を押入れに押し込んで、隠すようにしまいこんでいないでしょうか。

いくら隠していたとしても、その物とあなたはつながっています。

家の中の視界がクリアになるほど気持ちも軽くなる！

冷蔵庫の中に賞味期限切れの食品は入っていませんか？ 腐った食品との縁は即座に切るべく、捨てましょう。

部屋が散らかってきたときには、心が散らかってきたサインだととらえ、すぐに片づけます。

負担が大きいようでしたら、プロにお願いするのも手です。

私は月に一度はすべての収納エリアをひっくり返し、不要なものを処分しています。

以前、私の家に来た友人は「部屋の気がすごくいい！」と感動していました。

これらを実行した後は、夫が帰宅後に必

ず「この家、最高だなぁ」とつぶやきます（笑）。

何より私自身もスッキリした部屋で良い気分で過ごすことができます。このエネルギーが良いものを引き寄せてくれるのです。

「テレビのない暮らし」を試してみる

ほとんどの家に、私たちが無意識レベルで大きな影響を受けているものがあります。それがなんだか、わかりますか？

答えは「テレビ」です。

家にいる時間、テレビを常に流しっぱなしにしていると、不安をあおられるような良くない情報もいっぱい入ってきてしまいます。また、テレビで伝えられることが「正しい」と無意識に思い込んでしまい、自分らしく生きるための弊害となることも多いです。

私は19歳の頃から、家にテレビを置いていません。大学で上京したのをきっかけに、テレビを持たない生活をしたのです。お正月、実家に帰ったときに、有名な芸人さんも知らないという世間知らずだったりもしますが、特に困ることはありません（笑）。困るどころか、自分の時間がいっぱいできるので、いいことずくめです！　さらに、**世の中の固定概念や常識に振り回されることもなくなります。**

思い切ってテレビを処分しませんか？

寝る前にニュースを見ている人がいるなら、即刻やめましょう。

寝る前は、潜在意識へつながりやすい重要な時間です。リラックスしているときに流れてきた情報は潜在意識に入りやすいため、ネガティブなニュースを見たら、その情報が潜在意識に刻み込まれてしまい、ネガティブな現実を無意識に引き寄せることになるのです。

テレビだけでなく、スマホでニュースを見たり、そのコメントを確認したりするのもやめましょう。明るい気持ちになれるコメントはほぼありません。

5章で詳しく話しますが、夜の時間は理想の未来をしっかりイメージする、大切な時間にしてくださいね。

家にある穴という穴から気を入れ替える

あなたは、朝起きて一番に何をしますか？

ぜひ試していただきたいのが、**家中の窓を開けて空気を入れ替えること**です。寝ている間に吐き出した気が部屋に充満しているため、それらを外に出し、新鮮な空気を取り込むことで、部屋の気が整います。

余裕があるときには、家中の換気扇を全部回し、キッチンや洗面所、トイレなど家中の水道の蛇口をひねって水を流してください。エアコンがあるならエアコンもつけましょう。

こうして**家にある穴という穴から気を入れ替えることを2〜3分行うと、家中のエネルギーが一気に循環します。**

エネルギーを循環させると、会いたかった人から連絡がきたり、欲しかったものに出合えたり、すごいアイデアがひらめいたりなど物事が動き出しますから、試してみてください。

そして空気を入れ替えた後、**朝日を浴びて太陽に感謝をしましょう。**

地球に生きている私たちは、そもそも太陽がないと生きていけません。それくらい偉大な太陽。しかも普遍的にずっと光り続けてくれるありがたい存在です。

そんな太陽に「いつも私たちを生かしてくれてありがとう」と感謝を向けてみましょう。次の章でご紹介する**「ご先祖様への誓い」**（135ページ参照）を唱えるのもおすすめです。

光を浴びて前向きな気持ちで一日を始めると、エネルギーが整うのがわかるはずです。

有名経営者がトイレを素手で掃除する理由

私は20代の頃、借金に苦しんでいました。

「借金＝悪」と信じていた母からは「絶対に借金はするな」と昔から言われていましたが、どうしても学びたいことがあったのでお金を借りて学んでいたのです。

すると、**気づいたら400万円近くまで膨らんでしまい、リボ払いしながらギリギリの生活を送っていました。**

誰にも相談できず悩んでいたところ、いよいよ限界だなと思ったときに、70代の大先輩である男性経営者に相談させていただきました。

そして言われた一言は……「あなたは汚いものに目を向けられていないから、汚いものに手を入れなさい」。

どういう意味かさっぱりわからなかったので伺うと**「素手でお手洗いを掃除しなさい」**ということでした。その場で思わず苦笑いしてしまったのですが、確かに私はお手洗いの掃除を怠っていました。

以前から、著名人や有名な経営者は素手でトイレ掃除をすると聞いていましたし、絶望の淵に立たされていた私は、すぐさまトイレ掃除を始めました。

初めから素手で掃除する勇気は出なかったので、最初はトイレブラシを使ってキレイにして、その後は素手で目に見えない汚れを擦《こす》り落とすことにしました。キュッキュと音がするまで磨きます。**毎日無心で掃除をしていると、「トイレの中は汚い」という気持ちがなくなっていきました。**

今ではブラシを使わずに、いきなり素手で汚れを擦って落としています。朝に掃除をするのですが、とても清々しい気持ちになるのです。

トイレ掃除に加え、3章でお伝えする**「六方拝《ろっぽうはい》」**（139ページ参照）と**「ひとり朝礼」**（135ページ参照）などを行うようになり、気づけば1カ月後には収入が大きく上がっていました。

この話をYouTubeでもご紹介したところ、コメント欄に運が良くなった体験談がたくさん寄せられています。

こうした体験から、**「目の前にある汚いものにしっかりと目を向けて掃除をすることで、自分の現実がキレイに整っていく」**ことを確信しました。集合的無意識ですべての人、モノ、状況がつながっているのです。

そのほか、お風呂場、洗面所、キッチンなどの排水溝に、汚れはたまっていないでしょうか？　空気の入れ替えと共に、ぜひ水の入れ替えの意識も持ちましょう。水回りを清潔に保ち、水の通り道をしっかり整えておくことで、家の中の気が循環し、運気が巡ってきます。

ぜひ、**家をあなたにとってのパワースポットにしてください。**

家とあなたもつながっているのです。

実験4　場の浄化を体感する

場のエネルギーが浄化されると、その環境にいる私たちの肉体にも良い影響が出て、潜在能力が発揮されやすくなります。「わかりにくい」という方のために、ぜひ次の実験をしてみてください。きっと体の変化がわかると思います。

①床の上で前屈をして、そのときの体の硬さや曲がり具合を覚えておく
②部屋の窓をすべて開け、換気扇をすべて回し、空気を入れ替える
③再び前屈する

前よりも体が柔らかくなっている自分に気づくはずです。部屋のエネルギーは目には見えませんが、私たちの肉体に影響を与えています。

「体内のゴミ」も手放さないと運気は上がらない

イライラしたときや、不安を感じたときに、暴飲暴食してしまった経験はありませんか？

私自身は大学進学で一人暮らしが始まったときと、社会人1年目のときに、ストレスを食で発散するようになり、1カ月で12kgも太ったことがあります。久しぶりに会った母と駅で待ち合わせをしていて、私だと気づかれずに目の前を通過されたこともありました（笑）。この頃から、心と食が密接に関係していると気づいて、食について学び、実践するようになりました。

心がいつも安定し、幸せを感じていることで、「引き寄せの法則」が働き、幸せな現実があなたの前に現れます。

どんなメカニズムであなたが幸せを感じているのか、考えたことはありますか？

幸福感は、脳の中にあるセロトニンやドーパミンといった神経伝達物質によってもたらされています。そして、ストレス耐性を強くし、心を安定させてくれる**セロトニン（別名・幸せホルモン）はなんと9割が腸でつくられる**と言われています。

そのため、腸内環境が悪化すると、不安感やイライラの原因となります。逆に、**腸内環境が良くなれば、心が安定し幸せを感じやすくなるのです！**

女性は便秘がちの方も多いと思います。実際に、潜在意識の発信を通じて多くの方のお悩みを伺ってきましたが、心が安定していない方の健康状態を伺うと、ほとんどの方が便秘だったのです。

大袈裟《おおげさ》に言うと、便が出ないということは、存在がうんちそのものってことです（笑）。だって、腸内環境と幸せが比例しているとしたら、うんちまみれの腸が良いものを引き寄せるはずがないですよね！

体の中がゴミ屋敷のような状態では、運気が上がるわけがありません。

生ゴミが36℃の気温の部屋で何日も放置されていたら、とんでもないことになりますよね。便秘の人は、それと同じことが腸の中で起こっているということです。

お部屋を整えてパワースポットにすることに加え、あなたの身体そのものに良い気が流れるようにしていきましょう。

腸内環境が乱れる理由はいろいろありますが、物理的に、加工食品や食品添加物など不自然なものを食べすぎていることも大きな原因の1つ。これらを食べると腸内環境が悪化するので、血液も汚れ、吹き出物やアトピーなど肌荒れも起こりやすくなります。

心当たりのある人は、**不自然な食品を1週間だけでもいいので、やめてみてください。**そして、旬の野菜、果物、ナッツなど自然な食べ物を取り入れること。

私自身、お菓子がもともと大好きでしたが、無塩ナッツや果物に置き換えるようになりました。

また、私が一番やめることをおすすめする食品は、精白された小麦粉でつくられたパンです。パンを食べるのをやめるだけでも腸がリセットされ、幸せを感じやすくなります。

一流の人は食べる物にも気を遣いますが、それは食べ物によって体が整うと心も整うことを知っているからです。

自分の身体に合う食品かどうかは、【実験2】でご紹介したオーリングテスト（46ページ参照）で確認することもできます。輪っかをつくる手と反対側の手に食品をのせ、力が入るかどうかを確認します。力が抜けてしまう食べ物を、ぜひ手放してみてください。

腸をキレイにする「お手軽ファスティング」

ほとんどの人が、朝昼晩と3食とると思いますが、私はおなかがすいたら食べるようにしています。

朝だから朝食、昼だから昼食、夜だから夕食というふうに、決まった時間に無意識に食事をとってしまうと、おなかのすき具合に関係なく「今食べなければいけない」と思考で食べてしまうことになるからです。身体の声に耳を傾けることが大切です。

おすすめは私が長年、日常に取り入れている半日ファスティングです。

方法は至ってシンプルで、18時間固形物を食べずに、水分だけで過ごします(＊)。夕食を18時にとったら、翌日の朝食を抜き、昼12時以降に昼食をとります。昼食がとっても美味しく感じます。そのときには、ちゃんと味わってゆっくり食べてくださいね。

すると味覚が冴えてきます。ファスティングにより腸もキレイになるので一石二鳥

18時間何も食べずに水だけで過ごしてデトックス

です！

食事を味わうと言いましたが、普段の食事のときも、1口につき30回以上咀《そ》嚼《しゃく》して味わってください。今目の前のものをしっかり味わうことは、感覚を磨くことにもつながります。

ファスティング中はもちろん、普段から水をたくさん飲んで循環する体をつくっておくことも重要です。私は毎日2ℓ欠かさず飲んでいます。

2ℓを飲むというと大変に感じますが、午前中に500㎖ペットボトルを1本、昼に1本、夕方までに1本、夜寝るまでに1本飲めば、2ℓは消費できますよ。

常に500㎖ペットボトルを持ち歩き、水2ℓ飲むのを意識してみましょう。これだけでも腸内環境が整い始めますし、血流もよくなります。

（＊ファスティングについては、『奇跡が起こる半日断食（マキノ出版）』という書籍がおすすめです。体調に不安がある方は、専門家の指導の元で行ってください）

「距離を置いたほうがいい人」3つのタイプ

あなたの周りには、どんな人がいますか？

人間関係はあなたの人生に大きく影響します。

もし、あなたが共に過ごしていて気持ちが沈んだり、あなたの夢や目標の妨げになったりする人がいたら、お別れしたほうが運は回りやすくなります。


お別れというと、ブチッと縁を切るイメージがありますが、そういった荒業は必要ありません。

5章で詳しくお話ししますが、あなたを邪魔するような人が周りにいるということは、**そういう人と引き合う自分にも原因があるということです。**「鏡の法則」の話を聞いたことがある方も多いと思いますが、人は鏡です。

これまでの自分の在りかたや生きかたに合った人が、周りに集まってきています。

ですから、**自分の在りかたや行動を見直し、「こういう人とは距離を置こう！」と**

意図するだけで自然と離れていくようになっているのです。

では、どんな人と距離を置いたほうがいいのでしょうか。

まずは**悪口・批判・愚痴・噂話をする人**です。

そもそも悪口や愚痴、不満って聞いていて楽しいでしょうか？　芸能ニュースで流れる「あの人は不倫しているらしい」「この人は事業に失敗したらしい」等は、私たちの人生に何も関係がありません。

それを言っている時間、聞いている時間ほど、もったいないものはないですよね。あなたが自分の夢や目標を軽やかに叶えていきたいと思っているのなら、悪口や批判、愚痴、噂話につき合っている暇はないのです！

では、そういう人たちとどうやって距離を置くかというと、愚痴や悪口をあなたに言ってきたとしても、決して話を肯定しないことです。相手が気持ちよくなるような相槌《あいづち》を打ってしまうと、話がエスカレートしてしまいます。

相手の望むリアクションをしないことが一番。すると、相手は話していても面白くなくなるので、あなたに愚痴や悪口を言うことがなくなります。

また、SNSで悪口を言ったり、あなたが見ていて心地が良くない投稿をしている人がいたら、遠慮なくフォローを外しましょう。**自分の気持ちが落ちていくものはすべて排除していきます。**冷たい人間に感じるかもしれませんが、まずは自分の心を守るほうが大切だと私は考えています。**自分の心が整うことで、見えない集合的無意識の世界で万物が癒されていきます。**

この作業を定期的にやるだけで、とんでもなく運気が上がるのがわかりますよ！

距離を置いたほうがいい人の2つめは、**当たり前のように時間を奪ってくる人。**いつも電話を取るとやたら長く話したり、メールの文章が必要以上に長かったり……相手に断りなく時間を奪う行動をする人も、相手の気持ちを考えられない場合が多いと言えます。

けれど、優しすぎる人は、「相手に悪いから」と言う理由で、相手のペースに合わせてしまいがち。あなたにとって相手の話を聞くのが喜びでエネルギーが上がるのなら良いのですが、もし苦しさを感じているのなら、すぐにやめましょう。

相手と過ごした後の自分の感覚を観察してみてください。気持ちが晴れやかになっ

ているのか、それとも、どっと疲れているのか。

特に、「あなたといると元気になるわ〜」と言われた上に、あなたが疲れているとしたら、お相手にエネルギーを奪われている可能性が大です。さらに、必要以上に依存されてしまうとお互いにとって良くありません。

一度や二度ならよいのですが、毎回毎回そんな調子だとしたら、「忙しいから」と伝えて早めに電話を切ったり、短文で返したりして、距離を置くようにしましょう。

時は金なりです。時間は限られています。

だったら、エネルギーが高まることにつかいましょう。

距離を置いたほうがいい人の3つめは、**決めつけてくる人**です。

「あなたには無理だよ」「あなたはこういう人だから」と、あなたの可能性や人間性を決めつけてくる人が身の回りにいませんか？　前章でも話したように、案外身近にいる親や上司にこのパターンが多いかもしれません。

ですが、相手が決めつけていることは、相手の思い込みであって、あなたはそれを鵜呑《うの》みにする必要はありません。

もちろん「あなたは素晴らしい」とか「あなたならできる」とか、あなたにとって好都合な決めつけであれば、ありがたく採用したら良いです。

でも、あなたが受け入れたくない言葉をずっと浴びせてくる人からは、距離を置くのをおすすめします。物理的に難しい場合は、その発言すべてを受け入れなくて大丈夫です。**特に親の場合、あなたのことが大切だからこそ、心配して言ってくれていますよね。「気にかけてくれてありがとう」と感謝して、「でも私はできる！」「私は素晴らしい！」と自己洗脳しましょう。**

あなたは自分の潜在意識に刻む言葉を、自分で選ぶことができます。

幼い頃は難しかったかもしれませんが、今のあなたはそれを取捨選択できます。自分の気持ちが上がる言葉だけをありがたく取り入れていきましょう。

そして、自分の夢や目標を邪魔する言葉は、全部手放していきましょう。

イラッとしたらブチ切れてデトックス

物や情報、人間関係のデトックスについて話してきましたが、**感情のデトックスも大切**です。

日本人は、世界の中でも感情をためこみやすい人種といわれています。「人前で泣いてはいけない」「怒るのは恥ずかしい」というように、感情を抑圧されて育ってきた人がほとんどです。

それは怒りや悲しみといったネガティブなエネルギーが良くないと思われているからですが、世の中は波動でできているため、上がったら下がるのは当たり前。落ちたときに責める必要はありません。

ネガティブな感情を我慢して抑圧すると、潜在意識に蓄積してしまいます。ネガティブな感情も、しっかり吐き出しましょう。

怒りが出るときは、目の前の相手に怒っているというよりも、過去の記憶が刺激され、**潜在意識にたまっている感情を再生しているパターンがほとんど**です。

そのため、目の前の相手にキレるのではなく、自分の中で消化するためにも、一人で部屋にこもって枕やクッションを殴りながら、「バカヤロー」「ふざけるなー」と感情を発散させてください。相手に怒りをぶつけると、そのまま怒りで返ってくることがほとんどです。これも、エネルギーが共鳴して起こる結果です。なので、一人で、ただただ「怒り」というエネルギーを解放します。

なお、家族や同居人がいる場合は、「今から枕に向かって叫びまくるけど、感情を発散させているだけだから放っておいてね」と断ることも忘れずに（笑）。

一人だから、思い切り叫んでも、泣いても大丈夫！　気が済むまで感情を出し切ったら、最後に枕やクッションに「ごめんね」と謝ります。

すると不思議なことに、さっきまで怒っていた相手と冷静に会話ができたり、「あの人、本当は寂しいのかな」など、別の視点で見られるようになったりします。

私はよく「人間らしいね」と言ってもらえることが多いのですが、それは喜怒哀楽をためこまず、その場その場で表現するからだと思います。

これって、子どものときは誰もがやっていたはずです。大人になるにつれ、怒ること、悲しむこと、悔しがることはいけないと思ってしまいがちですが、**どの感情も悪い感情など1つもありません。**

たまっている感情はデトックスして、いつも軽やかな心で過ごしていたいですね。

やりたくないことは断っていい

「頼まれごとは試されごと」という言葉があります。良い言葉なのですが、人から頼まれたことを嫌な気持ちでやってしまうことはありませんか？　すると、その気持ちに合った状況が現実化してしまいます。

優しい人は、どうしても自分の気持ちを後回しにしすぎてしまい、気づいたら他人の言うことを聞きすぎて、自分が望むのと違う方向の人生を歩んでいた……なんていう話をよく聞きます。

空気を読むことに長けた日本育ちの方達は、**もう少し自分の気持ちを優先して、やりたくないことは断っていい**と思うのです。

人の言葉を優先しすぎると、自分が本当にやりたいことがわからなくなってしまいます。たくさんの方とお話ししてきて、実際、そんな方が多いように感じます。

私は幼い頃から運動が大の苦手で、絵を描いたり、部屋の中で一人で過ごしたりするのが好きな子どもでした。ドッジボールでは一番に当てられ、縄跳びの二重跳びも、マット運動の側転や後転も、鉄棒の逆上がりもできないまま大人になりました。

中学生になり、美術部に入りたいと思っていたのですが、母親の「あなたは鈍臭《どんくさ》い し貧弱だから、運動部に入って根性を鍛えなさい」という一言で、嫌々テニス部に入ることになりました。

ラケットに当たった玉は、いつも大空に向けて飛んでいきました（笑）。気づけばボール拾い専門の部員になり、テニスコートに立つことはほぼありませんでした。

やがて、テニスが嫌で嫌で仕方なく、部活の時間になるとストレスが原因で腹痛と頭痛に襲われるようになってしまいました。

その結果、テニス部をすすめた母を恨みながら2年生の春に退部することに。その後、潜在意識を知ることになるのですが、「人に言われて、やりたくないと思いながら取り組んだものは、ろくな結果にならない」と確信しました。

それ以降、**他人の言葉よりも、自分の心の声を優先するようになりました。**

「自分が本当にしたいと思うことをしよう」と決めてから、気持ちが乗らない提案や誘いには、乗らないようになりました。

大学受験のときも、高校で学年1位の成績だったこともあり、「もっと上の偏差値の大学を受験したほうがいい」と何度も先生に提案されましたが、私の心は「女子大の家政学部」と決まっていたので断り続けました。

自分が望んでいない大学の受験のために勉強したところで、気持ちも乗らないので潜在能力は発揮されません。もしそれで受験に失敗したら、先生のせいにしたくなるのも目に見えていました。

自分がわくわくする方向を、自分で選択することで、潜在意識も活性化します。

自分にとってのベストな選択は、自分の心が知っています。
自分の心に従うことで、無理なく、最小限の力で最大限の力を発揮できるようになるのです。

大きな選択だけでなく、小さな選択でも、やりたくないことはやらない勇気を持ちましょう。

第3章

五感を磨くと「感性の扉」が開かれる

頭でなく心が動けば、人は変われる！

前章では、まず「不要なものを手放す」ことをお伝えしましたが、実行できましたか？

実行していくと、心のブロックや思い込みが外れていくのが感じられるでしょう。なんとなくスッキリした感じが出てきたら、次は、**「五感を磨く」**レッスンです。

なぜ、五感を磨くのかというと、五感と潜在意識はつながっているからです。

「現実は全部自分がつくっている」と言いましたが、どんな現実がつくられるかは、潜在意識にどんな情報が入っているかによる、とお伝えしました。

つまり、**潜在意識にアクセスすることが大事なのですが、そのためには潜在意識とつながっている五感を磨くことが重要になる**わけです。

五感を磨いて潜在意識にアクセスできるようになると、感覚や感性を取り戻し、心が動くようになるのです。

「好きなことがわからない」「やりたいことが見つからない」「やる気が起きない」という人は、感性や感覚が鈍り、心がこり固まってしまっている可能性が高いです。

心が動いたら、人間は考える前に、勝手に体が動き出すものです。

たとえば恋をしたら、その相手のことを目で追いますよね。相手の生年月日や好きなものを聞き出したり、会えるチャンスをつくろうとしますよね。もし、行動に移すほどでもないのなら、それほど好きではないってことです。

人間は本来、心のセンサーに従って生きていれば、思い通りの人生を生きられるようになっています。

でも、正しい・正しくない、良い・悪いで判断する学校教育などを通して頭をつかうことばかりしてきたので、心が働きづらくなってしまっているのです。

これでは、潜在意識にアクセスしにくく、潜在意識からの情報をうまくキャッチすることができません。**頭ばかりが働いていると、五感で感じることができないのです。**

「感じる」ことで人は動きます。「感動」という言葉はありますが、「理動」という言葉はありません。理論・理屈で頭を働かせるよりも、ここでは感覚を研ぎ澄ましていきましょう。

本章では、五感を磨くレッスンを繰り返すことで、潜在意識にアクセスできるようになり、感覚や感性を取り戻していく方法をお伝えします。

心のセンサーを磨いて、潜在意識からのサインをいつでもキャッチできる自分を取り戻してください。

ピュアなものに触れて波動をチューニング

赤ちゃんを見たり、動物を抱っこしたりすると、自然と笑顔になりますよね。そういう機会がなくても、赤ちゃんや動物の映像を見るだけで癒されませんか？

なぜ癒されるのかというと、彼らは**潜在意識の塊**だからです。

赤ちゃんや動物は頭で考えて行動していません。心に従って行動しています。つまり、**ピュアなものに触れるだけで、人の波動はチューニングされる**のです。

私は犬が大好きなので、定期的に動画を見たり、スマホの待ち受け画面にして癒されています。外で犬を見つけたら常に見つめています（笑）。

ピュアなエネルギーに触れたいなら、生花を部屋に飾るのもおすすめです。

ホテルのロビーやラウンジに行くと必ずといっていいほど生花が飾ってありますが、生花があるだけで、その空間がフレッシュなエネルギーになるのを感じませんか？

実際、花の色、質感、香り、見ているだけで幸せな気持ちなど、たくさんの感覚が育ちます。

生花を飾る以外にも、土いじりや緑の多い公園へ出かけるのもいいですね。

大木を見ると、触れたり抱きつきたくなったりする人は多いと思いますが、それは大木のエネルギーによって波動がチューニングされ、気持ちが落ち着くからです。

特に都会に住んでいる人は、定期的に自然の中に足を運ぶことが大切です。


また、合成香料が含まれていない100％天然のアロマオイルを取り入れて、香りで五感を磨くのもいいですね。感覚が鈍ってしまうので、必ず本物のピュアなオイルを選んでください。空気を替えたい、リラックスしたい、創作活動をしたいという人は特におすすめです。**香りはダイレクトに潜在意識に届くので、思考ではなく心が動くようになりますよ。**

私が最近好きな香りは、ペパーミントやマンダリン。作業時や瞑想《めいそう》時にペパーミントの香りを感じると、頭がスッキリして集中しやすくなります。

自然がつくり出した香りは、私たちを本当の癒しに導いてくれます。リラックスすることで潜在意識も開くので、ぜひ試してみてください。

末端にまで目配り、気配り、心配り

ピカピカに磨かれた窓ガラスって、とても気持ちいいですよね。それは、あなたにとって「快」がどういう状態かを心が認識するからです。

そこで、まずは周りの目につくものを磨いていきましょう。**床、窓、机、鏡、靴、かばん、アクセサリー、パソコンやスマートフォンの画面、あらゆるものを磨くことで、目の前のものにしっかり意識が向き、感性を磨くことにつながります。**

「掃除」と「清掃」という言葉がありますが、掃除とは汚いところをキレイにすることで、清掃とはより磨きをかけるという意味があるそうです。キレイな床を雑巾がけするときは、「清掃をする」といいます。

ですから、自分のいる空間を「清掃」する意識で過ごせるようになるといいですね。

ちなみに、できなくても自分を責める必要はありません。毎日、完璧に清掃できる人なんてなかなかいません。私も全部はできていません（笑）。

できない自分を責めるのではなく、できなかったらまた再びやればいいだけです。気楽にトライしてみてくださいね。

また、**末端にまで気を配る**ことも大切です。

汚れたりほころんだりしている靴、伸びた爪、枝毛の多い髪の毛……忙しい毎日を送っていると、「これくらい、まあいいか」と見過ごしてしまいがちですよね？

末端まで気を配るのは、心に余裕がないとできません。だからこそ、あえて末端に気を配ってみるのです。

始める前は時間がないと思っていても、始めると時間が生まれ、心にゆとりができてくるもの。すると、心は「快」を感じられるようになります。

私たちの脳は快と不快を瞬時に判断しています。**いつも気持ちがいい快のスイッチが入っている状態を積み重ねていくことで、運気は必ず上がります。**

それに、細かいところまで気が配れるということは、それだけ俯瞰《ふかん》して情報をキャッチすることができるということです。

髪の毛が床に落ちていたら拾う、洗面台に水滴がついていたらふき取る、などの習慣をつけておくと、結果、隅々まで見る力がつくので、**俯瞰する目を養う**ことにつながりますし、気づいたらすぐ行動する癖がつくので最高です！

ただし、「やらなければいけない」ではなく、楽しんでやること。それが一番のコツです♪

物に名前をつけて話しかける

先ほど、部屋に生花を飾ることで感覚が磨かれるとお伝えしましたが、**私はお花を飾るときは名前をつけて、「〇〇ちゃん。めっちゃキレイだね♡」と話しかけます。**

少し弱っているなと思ったときは、「大丈夫？　お水とりかえるね」と声をかけながら水かえをします。すると、なんとなくイキイキしてくるから不思議！　植物も生きていますし、あなたの言葉のエネルギーに影響を受けています。

小学生の頃、私はすごく不思議な体験をしました。大事にしていた時計が壊れてしまい、分解しながら「どうして動かなくなったの？　大丈夫？　早く動くようになってね」と話しかけていました。そうしてもう一度組み立てたら、なんと動き始めたのです！　偶然かもしれませんが、そのとき以来「絶対に物は生きている」と感じるようになりました。家では、家族が変な目で見るくらい、いろいろなものに話しかけています（笑）。

感謝のエネルギーは植物や物にも共鳴する！

いつも無意識に使っていた物や場所に意識を向けるようになることで、あなたの五感が研ぎ澄まされていきます。

家に帰ってきたとき、誰もいなくても「ただいま～」と空間に話しかけることもおすすめです。

さらに、「いつもありがとう」といった感謝のエネルギーが加われば、空間も整います。そのエネルギーを自ら発し、そんなエネルギーに包まれた場所で過ごすことが、あなたに運をもたらすのです。

一流の料理人は包丁で怪我をしないそうです。なぜなら、仕事道具である包丁を大事に扱っているから。毎朝キレイに研いで、感謝しながら使っていると、その道具で怪我することはないといいます。

まさに、物と調和した状態です。

1章でお伝えしたように、生命体も物も場所も、すべて同じ素粒子からできています。**あらゆるものと調和が取れるようになれば、あなたの感覚・感性はかなり磨かれていきます。**

ぜひ物にも名前をつけたりしながら、話しかけてみてください。

「自分から必ず挨拶をする」と決める

朝、同じマンションや近所に住む人に「おはようございます！」と、あなたから明るく元気に挨拶をしていますか？

1章で、大きいエネルギーが小さいエネルギーを巻き込むと言いましたが、**自分から挨拶をすると、自分が発する明るいエネルギーで、自分と場を整えることができます。**

相撲の試合前に、塩を撒いて場を清める場面を見たことがあると思いますが、塩ではなく自分の明るい挨拶で場を清めるイメージです。

挨拶によって場が整うことは、【実験4】（90ページ参照）のように身体が柔らかくなるか確認することで体感できます。場に挨拶する前と後で、自身の身体の変化を感じてみてください。

また、「自分から挨拶をしよう」と常に思っていると、周りにアンテナを張ることになり、感覚も冴え、周囲との調和にもつながります。

受け身ではなく自分から積極的に行動しているのでエネルギーも上がりますし、声

をかけられた人も笑顔になるので一石二鳥です。

先日、不動産の仕事をしている男性が、物件案内の動画をつくるというので、自撮りの方法を教えました。

最初は表情もかたく物静かな雰囲気でしたが、まず明るく挨拶してから、声のトーンを上げ、笑顔を見せて撮影するように伝えました。

そうして明るい挨拶からスタートして物件案内の動画を制作し始めたところ、彼自身の性格が明るく積極的に変わっていったそうです。**仕事においても動きがさらに機敏になられ、なんと数日後に店長に昇格までしていました。**元気に自分から発信をするということは、自分のエネルギーを上げることにもつながります。その結果、良い状況も集まってくるのです。

自分から挨拶をして、エネルギーにあふれている状態をつくるように意識してみてください。**受け身にならず、自分発信で、自らエネルギーを上げていく――**。

それによって現実が動くことを体感していくと、エネルギーが周りに及ぼす影響をいつも感じられるようになるでしょう。

初デートを思い出してエネルギーチャージ

わくわくしたり、ときめいたりしているときのエネルギーは、とても軽い状態です。そういうときに動いているのは**頭ではなく心。**このような状態をキープしたいですよね。

そこで、一瞬でこの状態をつくる方法をお教えします。

初デートのことを思い出して浸ることです。

「え？　冗談でしょ？」って声も聞こえそうですが、本気です！（笑）

私の話をすると、初デートは18歳のとき。大好きな彼と、東京・文京区にある六義《りくぎ》園《えん》という庭園に行きました。とってもキレイな庭園で、そこで2人で過ごした初々しい時間を思い出すと、今でもニヤニヤしてしまいます。

「くだらない！」と思うかもしれませんが、**その瞬間は絶対にエネルギーが上がっているのです。**

良くないことが続いてエネルギーを上げられないときには、初デートのことを思い出してみてください。手っ取り早くエネルギーを上げることができます。

あなたの初デートは、いつ、どこで、誰とでしたか？

初デートの思い出がないとか、忘れてしまったという人は、恋愛に関係なく、**すごくうれしかったことや楽しかったことを思い出すだけでもOK！**

また、何も思い出せないという人は、妄想でも大丈夫です。大好きな芸能人、たとえば福山雅治さんに夜のバーで口説かれている場面をイメージして、エネルギーを上げてもいいのです！

私が中学生の頃は、好きなアーティストの苗字を自分の名前に当てはめて、勝手に結婚したつもりになって気持ちを上げていました（笑）。

色恋は思考が働かなくなるので、エネルギーを上げるためにとっても便利。**エネルギーが上がれば、それだけで良いことが起こるようになります**から、ぜひ試してみてください。

「1日スター」になりきって演じる

結婚式の披露宴やパーティなどに出席するために、着物やドレスを着てオシャレをすると、エネルギーが上がったように感じませんか？

それは、**いつもの自分とは違う自分になれた気がするから。**こんなふうに、自分を演出することでもエネルギーを上げることができます。

そこで**1日、好きな女優さん・俳優さんを演じると決めて、オシャレをして出かけてみましょう。**たとえば、松嶋菜々子さんを1日演じると決めたら、松嶋菜々子さん風の服を着て、髪型をセットし、気持ちも松嶋菜々子さんになりきって外出してみます。

すると面白いことが起こります！

まず、誰かと会いたい衝動が湧いてきます。せっかく女優さんになりきってオシャレをしたのだから、誰とも話さず一人で過ごすよりも、演じている自分を試したくなるのです。

そういう場合、私はデパートの化粧品売り場に出かけ、コスメカウンターで美容部員のキレイなお姉さんに声をかけたりします。私はキレイな女性が好きなので、これだけでも気持ちが上がります（笑）。

元が根暗なので少し勇気がいるのですが、いつもよりオシャレをした女優モードの自分だと、行動範囲が広がります。

カウンターで勧められる化粧品を試しながら会話をしているだけで、楽しくなりますよ。コスメカウンターは不思議な魔力がかかっている気がします。明るい照明で自分の顔を見ると、いつもより美しく見えますし、プロの方にメイクをしてもらうだけでもエネルギーが上がります。

ほかにも、**普段はなかなか入らないような高級ブランド店やレストランに入るのもおすすめ**です。

敷居が高いようなお店には、スタッフやその場所をつくった方々の想いがこもったエネルギーが、商品や空間に充満しています。そのエネルギーに触れるだけでも、感性が研ぎ澄まされます。

そのときの楽しさ、心地良さ、いつも感じることのない刺激を感じてみてください。

そんな気分で過ごしていると、道ゆく人がいつも以上に優しく感じたり、笑顔を自分に向けてくれたりします。これも、鏡の法則ですね。

自分に対するイメージも変わり、引き寄せる出来事や物の幅も広がります。

奇跡に遭遇する「直感デー」のつくりかた

いつも忙しい人ほど実践してほしいのが、丸一日、予定を一切決めず、浮かんだことをやっていく日を設けることです。つまり、**直感に従って過ごす日をつくってみてください。**

まず、**朝起きて「今日は最高に良い日になる!」という宣言から始めます。それだけでわくわくするはず!**

スマホもカーナビも全部電源を切ってデジタルデトックス。感覚の赴くまま、自分の心のセンサーだけに従って、一日を過ごすと決めます。

すると、周りにアンテナを張るようになるので、いつも通る道だけど今まで気づかなかったお店に気づいたりなんてことも。入ってみると、そこで新しい発見や出会いにつながることもあります。

私は24歳のとき、急に思い立って日本の最南端に行きたくなり、当時つき合っていた彼と一緒に、その3日後、沖縄の波照間島に飛んだことがありました。直前でしたが、なんと偶然にも飛行機が2席、ペンションが一部屋だけあいていました。

波照間島に着いて何もせずにごろごろ過ごしていたところ、真夜中、思い立って最南端まで走りたくなり、懐中電灯を持って岬にたどり着きました。

強風の中、**「わたくしHonami24歳は、笑顔とポジティブな言葉を忘れずに、世のため、人のためを思ってこれから生きていきます！」と大声で宣言。**スッキリしたその瞬間、いきなり隕石《いんせき》のようなものが東の空から西の空まで飛んでいき、空が昼間のように明るくなったのです。大袈裟《おおげさ》ですが、地球が滅亡するんじゃないかと思うほどの光でした。

ペンションのおじさんに話しても信じてもらえず、結局、後で調べたら「火球《かきゅう》」でした。火球を見たことをタクシーの運転手さんに話したところ、「石垣島に50年以上も住んでいるけど、2回くらいしか見たことがない」と言われ、**そんな貴重な瞬間に宣言直後に立ち会えて、まさに宇宙に応援されていると確信**した瞬間でした。

この出来事のように、感覚に従ってわくわく行動することで、思いがけないようなことが引き寄せられるのです。

現代人はスマホなどデジタルな情報に頼りすぎているので、直感がきても無視してしまいがち。だからこそ、定期的に直感デーをつくって行動するだけで、自然と感性が磨かれていきます。

1週間に1回、難しければ1カ月に1回は直感DAYをつくってみてください。普通に生きているよりも楽しく、刺激のある1日になるのでおすすめです。

動作をあえて、ゆっくりにする

「忙しい」という漢字は心を亡くすと書きますが、まさに字のごとく、あくせくと動いていると、心の余裕を失ってしまいます。

そこで、あえてゆっくりの動作を意識してみましょう。たとえば、歩く速度、話すスピード、ご飯を食べるときなどです。

私は元々せっかちなので、普段から速い動きをする癖があります。特にＹｏｕＴｕｂｅを見ていただくとわかりますが、興奮するととんでもなく早口になります。

でも、「この時間はゆっくり動こう」と意識して実践することで、自然と呼吸が深くなり、ゆったりとした余裕を感じることができます。**このリラックスした状態のときに、私たちの潜在能力は開く**のです。

バタバタしているときは、呼吸が浅くなり、自律神経のバランスが乱れ、全身の血流が滞ることで、五感の機能が低下してしまいます。

ゆっくり歩くことで、普段気づかなかった景色に気づくことができます。
ゆっくり話すことで、聞き手の気持ちを感じ取ることができます。
ゆっくり食べることで、食事の香りや味を楽しむことができます。

忙しい毎日だからこそ、あえてゆっくり動いてみましょう。そうするだけで、心が落ち着き、穏やかにすべての物と調和することができます。

ご先祖様への誓いを立てる「ひとり朝礼」

最近は、「朝礼はムダ」という風潮もありますが、本来朝礼とは、朝一番に全員が同じ理念やビジョンを共有する時間。ただなんとなく仕事を始めるよりも、大切にすべきことを再確認して仕事に取り掛かることで、良い仕事につなげるのが目的です。

そこで、「ひとり朝礼」をしてみましょう。**朝礼で何をするのかというと、ご先祖様への誓い**です。

次にあげるのが、私が行う誓いの言葉です。

> 〈今の苗字〉家、〈実家の苗字〉家、〈実家の母方の苗字〉家、〈夫の母方の苗字〉家、先祖代々の御霊に謹んで申し上げます。〈独身者の場合は、「〈今の苗字〉家、〈母方の苗字〉家、先祖代々の御霊に謹んで申し上げます」〉
>
> 一、今日も尊い命を授かり、私にはもったいない家族とともに、ご恩返しの人生が歩める幸せに心から感謝します。ありがとうございます。

二、家族、親族、恩師、先輩、お仲間の皆様、これまで出逢った大切な方々が、健やかに、生きがいのある一日を過ごせますように。そして、すべての人々の人生の上に、真の平安が訪れますように、どうぞよろしくお導きください。

三、〇〇（今の夢や目標）については、最も良いときに、最も良い状態で、成就するレールにすでに乗り、神仏のご加護と共に、お導きいただいていることに、心から感謝します。未来の一切、結果のすべてをお導きに委ね、お任せします。真心を尽くして、にこにこと笑顔で、さわやかに時至るのを待ちます。

四、気づかせていただいたことを、すぐに、喜んで、明確に処置するよう努めます。以上

実は、この誓いの言葉を唱え始めた当初、私は400万円近くの借金がありました。これはなんとかしなければと、70代の経営者に相談したところ、「この文章を唱えてご先祖様に誓いを立てたら、全部うまくいくからやってみなさい」と言われたのです。

そこで、朝起きて太陽に向かい「ひとり朝礼」をしながら、藁《わら》にもすがる思いで唱

朝起きたら太陽に向かってご先祖様に誓いを立てよう

え始めました。

そうしたら、**なんと唱え始めて1カ月後に、借金と同じ額の月収が入ってきたのです！**　369万円、ぴったりです！

そのとき、本当に見えない力に応援されているのを感じました。

ところが、その後、調子にのって誓いの言葉を唱えることをさぼったら、売上が10万円までダウン（笑）。

今はほぼ毎日唱えていますが、ときどき忙しくて唱え忘れると、感謝を忘れてしまいそうな感覚になり、自分の軸がズレていくのを感じます。

実は、**この文章の中に、宇宙の真理が**

全部詰まっているのです。


「ご先祖様からいただいている命への感謝」

「家族、親族、恩師、先輩、周りの人たちへの感謝と幸せを願う気持ち」

「夢が叶うことへの信頼」

「笑顔ですべてを委ねる」

「すぐに喜んで行動する」


ここに書かれていることの意味をかみしめて、その通りに生きることを決めたら、その通りに叶うようになります。効果は抜群ですから、ぜひ唱えてみてください。

時間に余裕がある日は、アロマやお香をたくなどしてから唱えると、五感が活性化されていいですね。

この効果は絶大です！　目に見えない存在に守られている感覚に包まれるはずです。

「六方拝」であらゆるものに感謝する

感覚や感性を取り戻すのに最も大事なことは、**あらゆるものに感謝できる自分になること**です。

感謝がわかると、潜在意識の奥にある集合的無意識、超意識とつながることができるので、思考ではなく心が動き出します。

そこで、とても効果のある方法が「六方拝《ろっぽうはい》」。これは、私が大学生のときに知った方法で、**東、西、南、北、天、地の六方向に対して感謝をする儀式**です。

経営者として有名な方も、「六方拝は人生を変える上で最も効果がある」とおっしゃっていました。

さて、やりかたです。

床に正座をして東を向き、両親、祖父母、ご先祖様に「ありがとうございます」と言いながら、おでこを床につけて感謝をします。

西に向かって、夫婦、兄弟、家族、親戚に感謝します。
南に向かって、お世話になった恩師、先生、上司に感謝します。
北に向かって、友人、知人、仕事仲間に感謝します。
天に向かって、上を向き、太陽、月、空、宇宙に感謝します。
地に向かって、大地、動物、植物に感謝します。

先ほど紹介した「ご先祖様への誓い」同様、生きとし生けるものすべてに感謝を伝えると、守られているような温かい気持ちになります。

私は毎朝、六方拝を行うようになってから、会いたい人に会えたり、行きたい場所に行けたりできるようになりました。本当に不思議ですが、日常すべてに感謝の気持ちが込み上げてくるようになり、感謝せざるをえないような出来事がたくさん起こるようになるのです。ぜひ朝の習慣の一つとして取り入れてみてください。

第4章

4

潜在意識とつながる秘訣は「自分を愛する」こと

自分を愛するために「本音で生きる」

前章では、生活に工夫を取り入れることで感性を高める方法をお伝えしましたが、五感が磨かれてきた感覚はありますか？

たとえば、公園の木に芽吹くつぼみを見つけてうれしくなったり、風に吹かれる心地を感じられたり、友達のメイクの変化に気づいたりなど、**普段ならスルーしていたことを感じ取れるようになってきたら、五感が磨かれてきた証拠**です。

こうした感覚を少しでも感じ取れるようになったなら、次は、自分と向き合い、**「自分を愛する」**レッスンを積み重ねることで、より感性を深めていきましょう。

「自分を愛することが大切」ということは、心理学・スピリチュアルなどさまざまな分野で言われていますが、いったいどうすれば自分を愛することになるのか、わからない方も多いと思います。

自分を愛するファーストステップは、「本音で生きる」ことです。温泉に入ったり、エステに行って心地よくなったりすることも、自分を癒すという意味では自分を愛することです。

ただ、いくら自分を癒しても、日々の中で本音で生きていなければ自らを裏切ることになってしまいます。その状態では、自分を愛するとは言えないのです。

自分を裏切り続けると、心はどんどん閉ざされていってしまいます。

すると、「〇〇が好き」「〇〇がしたい」という自分の本音がわからなくなってしまうのです。

その本音は、わくわくしたり、リラックスしたりしているときに出てきます。そのときのあなたは、一切不安がない状態です。

誰もが本来の自分で生きられたら、毎日が楽しくて仕方ないでしょう。**本音で生きると自分自身が整うので、自分がつくる世界も調和されていきます。**

だからこそ、自分の本音と向き合うことはとても大切。

常に自分は「どうしたいか」「どうなりたいか」を心に聴くことで、周りに振り回されることがなくなります。

そして、自分の本当の気持ちに沿って生きられるようになることで、スムーズに理想の未来が創造されるようになるのです。

本章では、**自分の気持ちと向き合い自分を愛する方法、本当の自分と調和する在りかたをお伝えすることで、潜在意識にアクセスし、望む未来の下地づくりをしていきます。**

あなたが心の底から惹《ひ》かれることをする。そんな人生にしてください。

それこそが、自分を愛することです。

「もう一人の自分」とたくさん会話しよう

本音で生きるといっても、湧いてきたものが本音なのか、それとも常識にとらわれた思考なのかわからない……ってこともありますよね。

実は、これまで頭（思考）ばかり使って生きてきた方は、なかなか本音がわからないと言われることも多いです。

だからこそ感性を磨くレッスンが大切なのですが、**本音がわからないときは、自分の中にもう一人の自分を飼っているイメージで過ごしてみてください。**

自分を飼っていることをイメージすると、もう一人の自分に向かって会話ができるようになります。ペットや赤ちゃんを育てているのと同じイメージで想像してみてください。ペットがソワソワしていたり、赤ちゃんが泣いていたりしたら、今何を感じていて、何を求めているのか、敏感に感じ取ろうとしますよね？　それを、自分自身にもしてあげましょう。

たとえば食事をするときは、「何を食べたい？」と自分に聞いてあげます。「う～ん、今日はカレーが食べたいな」ともう一人の自分が言ったら、自分にカレーを食べさせてあげます。

「あまりおなかは空いてない」と言うようなら、また後でおなかが空いたときに食べるようにします。

お風呂に入るときは「どんな香りの入浴剤がいい？」、外出する前には「今日はどんな靴を履く？」「どんな洋服を着る？」「どの道から行く？」……。

こんなふうに、**生活の些細《ささい》なことを全部もう一人の自分に聞いてあげて、どちらがいいかを選択してみてください。**

そして、自分で選んだものを自分に与えることができた喜びを、めいっぱい感じます。「食べたかったカレーだ～！」「大好きな香りのお風呂は気持ちいい～」「この洋服とこの靴でわくわくする～」というように、前章で鍛えた五感をフル活用しましょう。

自分に問いかけるときに重要なのは、**頭ではなく、心に聴くということ**です。

頭で考えると「どうすべきか」という答えになりますが、ハートに聴けば「どうしたいか」という答えになります。

そして、飼っている自分の本音をしっかりと聴き出してあげてください。「周りの意見はいったん置いていていいよ。本当は、どうしたい？」と。

こんなふうに、もう一人の自分とたくさん会話をして、自分がどう思っているか、どう感じているかに、しっかりと意識を向けてみてください。

本当のあなたが蘇ってきます。これが、自分を愛することの第一歩です。

自分をねぎらうセルフハグ&マッサージ

大好きな人、パートナー、子ども、ペットがいたら、抱きしめたくなることってありますよね。

あなたは、自分自身を抱きしめてあげたことがありますか?

自分の体に触れて、「ありがとう」と伝えたことはありますか?

普段一生懸命に生きていて、頭で考える時間が増えてくると、なかなか自分自身や自分の身体に感謝をすることもなく、日々を過ごしてしまうことも多いですよね。

第1章でお伝えしたように、「愛と感謝」のエネルギーがこの世で最強のエネルギーです。いつも一緒にいてくれているのは、ほかの誰でもなく、自分自身。そんな自分自身に、愛と感謝の気持ちを送りましょう。

その一番簡単な方法が、**セルフハグ**です。

【実験3】(58ページ参照)で、目の前の人に「愛しています」とつぶやきながら身体を起こしたと思います。そのときと同じように、今度は自分自身に愛情を送り、自分の身体を抱きしめます。

お風呂に入っているときや、寝る前など、リラックスしているときがやりやすいですが、ふとしたときや、何か大事な場面のときにやるのもおすすめします。

「いつもありがとう」「今日は大変だったけど、よくやったね」「私なら大丈夫、きっとできる！」など、自分にかけてあげたい言葉を、自由にかけてみましょう。

私の友人がお風呂で初めてセルフハグをしたときに、涙があふれて止まらなかったそうです。

「今まで自分に全然かまってあげられてなかった……ごめんね、ごめんね」という気持ちでいっぱいになり、過去のつらかったことも思い出され、イメージの中で過去の自分もハグしてあげたそうです。

すごくスッキリした数日後、なんと彼女は自分を愛してくれる最高のパートナーと出逢ったのです！

ほかにも、自分をハグして毎日自分に愛情を向けていたところ、壊れていた電化製品が直ったり、職場で苦手だった人が転勤になったり、身体の不調が改善したりと、不思議な体験をした仲間がたくさんいます。

「セルフハグとそれらに、何のつながりがあるの？」と思うかもしれませんが、**すべては集合的無意識でつながっています。**

自分自身に愛情を向けることで、自分がより愛情を感じられる状況や環境に、自然と整っていくわけです。

ウソだと思いますか？　実験した人だけに、このすごさがわかります。自分を抱きしめるのも無料です！　タダです！　やってみましょう！（笑）

また、日常の中でなかなか自分の身体に意識を向けられていないかもしれませんが、生まれてから今までずっと動いてくれている心臓、呼吸をし続けてくれる肺、食べたものを消化してくれる胃や腸が存在するから、生きていられるのです。

そう考えると、身体ってすごいですよね！

私たちが寝ている間も、雨の日も、風の日も、年中無休で働いてくれている身体……そんな自分の身体もねぎらってあげましょう。

一生懸命に生きている自分自身に「ありがとう」

おすすめは、お風呂上がりにトリートメント用オイルを体に塗りながら、セルフマッサージをすることです。血流もよくなるので、いいことずくめ！

ところで最近、自分の裸の姿をよ～く見たことはありますか？

つい、現実から目をそむけたくなりますが、鏡に映してちゃんと全身を見てください。理想と現実のギャップに絶望的な気持ちになる方もいらっしゃるかもしれませんが、ぜひとも理想の体を思い浮かべながら体をさすりましょう！

「太もも、もっと細くなれ～」と思いながら太ももをさすったり、「もっと胸、大きくなれ～」と思いながら背中のお肉を胸に寄せるようになでたりしていると、本当に理想の体になっていきます。それでFカップになった友人もいます！

前述したように、私は中学生の頃、二重まぶたになりたくて、理想の二重を思い描きながら、まぶたの体操をしたりして、ずっと鏡に向かってまぶたを触り続けていました。そうしたら、本当に1カ月で二重まぶたが定着しました。

この経験から、体は理想の形になってくれると体感したのです。

ただし、**今の自分が嫌いだから変えるというネガティブなイメージで行うと、そちらが現実化してしまいます。**

「今もじゅうぶん素敵だよ～。こうなると、もっと素敵だね～」というようにポジティブなイメージで、自分に愛情を向けてあげてくださいね。

目の前の相手は自分の心を映し出す鏡

人から非難されたり、気にしていることを言われたり、冷たい態度を取られたりすると、無意識に相手のせいにしたくなるときってありませんか？

「あの人は思いやりがない」「あの人は性格が悪い」とか。

このように、自分に不都合なことが起こると相手が悪いと思いがちですが、残念ながら他人は変えられません。

変えられるのは、あなたの視点のみ。実はこのように**ネガティブな気持ちになったときこそ、自分の思い込みに気づくチャンスです！**　嫌な相手は自分自身の心の中を反映してくれています。

たとえば、Aさんに「太ったね」と言われた場合、もしあなたが太った自分を可愛いと思っていれば「そうなのよ〜。最近、ちょっと太っちゃって」と明るく返すことができます。

一方、太った自分を自分で責めていたとしたら、「私を傷つけるようなことをいちいち言うなんて、無神経な人！」とイライラするでしょう。

でも本当のところは、あなたは相手に傷つけられているのではなく、自分で自分を傷つけています。「太っている自分はダメ」だと、自分を否定しているからイライラするのです。


この事実を受け入れたら、見える世界が一気に変わります！

嫌いな人・苦手な人に出会ったら、「自分はどんな自分を受け入れられていないのか」を確認してみましょう。


たとえば、「甘え上手な人を見るとイライラする」という場合は、「甘えてはいけない」と、甘える自分を禁止しています。

「空気を読まない人に怒りが湧いてくる」という場合は、「周りに合わせなければならない」と、自分が自由に発言することを禁止していたりします。

このように、本当は甘えたい、自由にしたいという本音がありながら、それを自分で自分に禁止しているから、それを平気でやっている人を見ると腹が立つのです。

でも本来は、国が違えば常識やルールも違うように、「人に甘えるのは悪い」「空気

を読まなければならない」という決まりはありません。それらも、過去の経験からくる、ただの思い込みです。

ある女性のクライアントさんは、いくら言っても片づけない、宿題をしない小学生の息子さんにすごく怒っていました。息子さんにつらく当たってしまうため、そんな自分を責めていて、私のところに相談にきたのです。

「ご自身が小学生の頃は、どう過ごしていましたか？」と伺うと、彼女の家は厳しく、学校から帰ってきたら宿題をすぐに片づけ、毎日のように習い事に行っていたそうです。

そのため、彼女からすると**「家から帰ってすぐに宿題をするのは当たり前」「ダラダラするのはいけない」という思い込みが、潜在意識に深く刻まれていたことに気づいたのです。**

そこで私は「今日家に帰ったら、息子さんと同じようにダラダラしてみてください」と伝えると、「絶対に嫌です。それはできません」と強く拒否されました（笑）。

「ダラダラしたからといって死ぬわけではないですよ」と言うと、「それはそうですけど……じゃあ、今日帰ったらやってみましょうか……」とようやく許可をおろし、帰って実行に移すことになりました。

するとその日、学校から家に帰ってきた息子さんは、彼女が何も言っていないのに、なんと自ら部屋を片づけて、宿題を始めたそうです。

相手をどうにかしようと思っても現実は変わりませんが、自分の心が変わって禁止していたことに許可をおろすと、現実は変わるのです。不思議ですが、これも集合的無意識の力です。

私自身、借金に苦しんでいたとき、恥ずかしながらお金持ちにイライラしていました。「豊かになってはいけない」と自分に禁止していたことに気づいたのです。

それから**「私は、豊かになっていい」「私は、豊かになることをゆるします」と暇さえあればつぶやきました。**

最初はすごくその言葉に違和感があったのですが、暇さえあれば継続してつぶやくことで、気がついたら違和感なく言えるようになりました。

言葉はエネルギーです。つぶやき続けるだけでも、潜在意識は書き換わります。

元々お客様から数千円のお金をいただくことでさえ抵抗があったのですが、気がつくと感謝して受け取れるようになり、豊かになっていきました。

嫌な気持ちになったり、不満を抱いたりしたときは、その違和感を大切にしてみてください。

特に、モヤモヤや違和感を無視する癖がついている場合も多いので、**「何に違和感を抱いたのか」「何にモヤモヤしたのか」をちょっとしたことでも紙に書き出してみるのもおすすめ**です。そうして自分にどんな禁止事項を与えているのかを冷静に観察してみましょう。

怒り、苦しみ、悲しみ、つらさなどの感情が湧いてきたら、**「感情のデトックス」**（104ページ参照）で、とにかくネガティブな感情を吐き出します。

そうしてスッキリすると、どうしてその感情が出てきたのか、思い込みと向き合えるようになります。

無意識にしてしまっている禁止事項に許可をおろし、ありのままの自分を受け入れてあげましょう。

相手の気持ちを感じる「ポジション・チェンジ」

それでも、人に対してイライラするときって、ありますよね。そんなときに、とっておきの方法があります。

たとえば、いつも「ああしなさい」「こうしなさい」と口うるさいお母さんに対してイライラする場合は、自分がお母さんの立場になったと想像してみてください。

実際に、お母さんの身体の中に入って、お母さんの視点からあなたを見ているイメージをします。

あなたがお母さんだとして、「ああしなさい」「こうしなさい」と子どもに口うるさく言うのは、なぜでしょうか？

ちょっと考えてみてください。ただ子どものことを束縛したいからでしょうか？　言いなりにしたいだけでしょうか？　お母さんの本意はなんでしょうか？　考えつきましたか。

きっと、子どものことを愛しているからこそ、危険な目や怖い目に遭ってほしくな

「その態度を取るのはなぜ？」と視点を変えてみる

い、失敗して苦しんでほしくないという思いから口うるさくなってしまっていると想像できませんか。

つまり、愛情があるからこそガミガミ言っているだけなのです。子どもであるあなたのことが大切で、愛しているからこそですよね。

そうやって、立場を変えて感じてみることをポジション・チェンジと言いますが、ポジション・チェンジをすると、なぜ相手がそんな態度を取るのかが見えてきて、相手の気持ちを感じ取ることができます。

すると、「お母さん、いつも心配して

くれてありがとう。私はいろいろ考えてやっているから大丈夫だよ。安心して」など、伝えたい言葉も変わってくるはずです。

今目の前にいる人の背景を感じ取れるようになると、人に対する怒りは収まることが多くなります。人間関係にぜひ活用してみてください。

「ない」から「ある」で悩みの9割が消える

「あの人は美人で、モテて、性格も良くて、仕事もできる。それに比べて、私は性格も地味で、可愛くもないし、才能もない。神様って不公平だ！」と嘆く人もいますが、神様は誰にでも平等にチャンスを与えてくれています。

それなのに、**多くの人は「でも」「だって」「どうせ」と言っては、せっかく巡ってきたチャンスを無視しているの**です。

私はこの3つの言葉を「3D」と呼んでいます。この3Dは今日から抹消しましょう！

自己否定のある人ほど、この言葉を無意識に連発していますが、3Dを使っている限り、あなたのエネルギーは落ち、目標も夢も叶いません。試しにこの言葉を使って、【実験2】（46ページ参照）をもう一度試してみてください。恐ろしいくらい力が入らないはずです。

「そうは言っても、気づけば言っちゃうんです……」という声が聞こえてきそうです。ではなぜ、3Dが出てくるのかというと、自分にないもの・足りないものばかりに目を向けてしまっているからです。

「自分には才能がないのでできません」「自信がありません」という言葉をよく聞きますが、ないもの・できないことばかりに目を向けているので、それが現実化しているだけなのです。

でも、あるもの・できることって、絶対にあるはずです！

たとえば、料理をした、電車に乗って職場に行った、1日を滞りなく過ごせた……。あるものに目を向けて、そこにフォーカスしてみてください。

お金がないという人は、出ていくお金にばかり目を向けています。でも、お金を支払うことで得ているものがあるはずです。そこにしっかり目を向けることです。

借金に苦しんでいた過去の私は、毎月の支払いで出ていくお金にフォーカスしていました。フォーカスしたものが現実化します。お金がなくなることにフォーカスするから、いつもお金が出ていく状態になるのです。そしてどんどん貧しくなります。

手に入るものに目を向ければ、お金は循環して豊かさが手に入るのだという感覚が育ち、豊かな現実が創造されます。

家賃を払うことで家に住めている、ガス代を払うことで温かいお湯が出る。そんな日常にある豊かさにしっかりと目を向けましょう。


自分に自信がないというのも、すべて思い込みで幻想。


第1章でもお伝えしましたが、自分のできないところ・足りないものばかりに目を向けているから、自信が持てないだけなのです。

自分の得意なものや才能など、どんな小さなことでもかまわないので、自分にあるものを見つけてみてください。

人はそれぞれ、得意なこと苦手なこと、長所短所が異なっています。だからこそ人は協力して生きることができ、そこに感謝の気持ちが生まれるのです。

できないことがあるのは当たり前！　それを責めるより、自分にできることに集中しましょう。

完璧な人間は一人もいません。それなのに、人はなぜか完璧になろうとして苦しむことが多いですよね。これは人類共通である脳の癖なので仕方がありません。

気軽な気持ちで、自分に「あること」を見つけるのを楽しんでみてください。

このトレーニングをすると、人生の8～9割の悩みは消えます。それくらい強力な方法です。

「ない」ではなく、たくさんの「ある」に囲まれている自分に気づいてくださいね。

命の原点から見つかる「お陰様」

感謝の気持ちが大切ということを前述しましたが、感謝の際には「ありがとう」という言葉をつかいますよね。

「ありがとう」は「有難い」からきています。「有難い」の反対語は「当たり前」。**感謝の気持ちが持てないのは、日常を当たり前の感覚で生きてしまっているから**です。寝床があること、毎日食事にありつけること、毎日清潔に過ごせること……それらは当たり前でしょうか？

私が大学生になり、初めて実家を離れて一人暮らしをしたときに、いかにそれらがありがたいことだったかを、身をもって実感しました。

父親が家賃を払ってくれていたから、温かい寝床につくことができていました。

母親が料理してくれていたから、ご飯を食べることができていました。

母親が洗濯してくれていたから、キレイな洋服を着ることができていました。

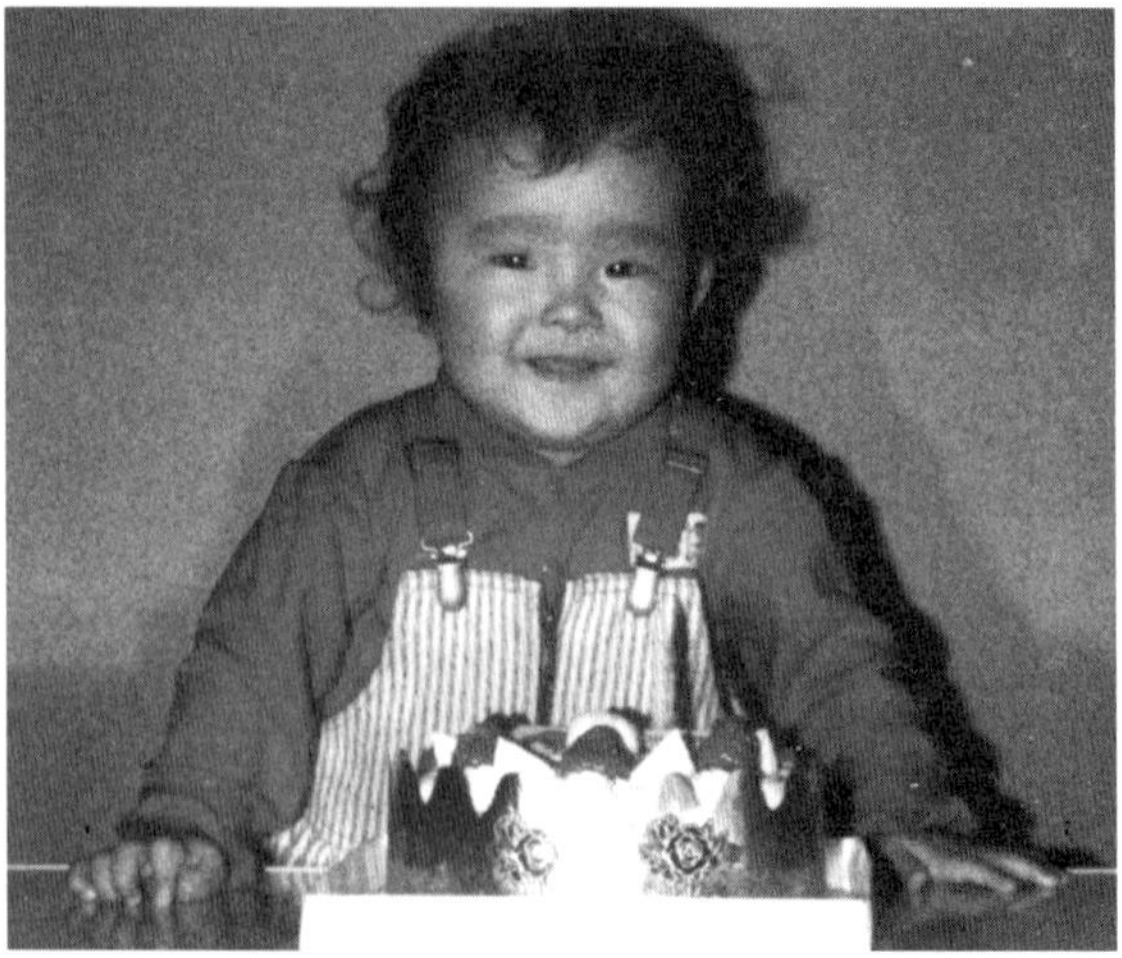

母が大切にしていた１歳のHonamiの写真

一人暮らしをするまで当たり前だったことが、当たり前じゃなかったことに、ようやく気づくことができました。

中学2年のときに「お父さんもお母さんもいなくなればいい」と思っていた自分が恥ずかしくなりました。

20歳を過ぎたある日、母が手帳の中から、ボロボロになった写真を私に見せてきました。そこには、1歳の誕生日を迎えた赤ちゃんの私が写っていました。

母が20年近くもその写真を手帳に入れてくれていたのを知らなかったので、とても感動し、その写真を撮影して持ち帰りました。

この話をある方に話すと、その方はこう話してくれました。

「誕生日のこの日、大事なあなたが1歳になるのを喜んで、ケーキ屋さんでケーキを選んだご両親は、どんな気持ちだっただろうね」

「ろうそくを1本立てて、そっと火をつけて。ハッピーバースデーを歌った後に、『はい、笑って〜』と言いながらシャッターを切ったご両親がいるから、この写真のあなたはこんなに可愛い笑顔なんだろうね」

「このオーバーオールも、一人じゃ絶対に着られないから、ピンを毎回パッチンってしてくれてたんだろうね」……と。


８００年ほど前に、神聖ローマ帝国で行われた実験をご存知ですか。

「生まれたばかりの50人の赤ちゃんに、ミルクを与え、排泄《はいせつ》のお世話をし、お風呂にも入れるが、一切スキンシップを取らずにいたら、どんな言葉を話す子どもになるのか」という実験です。

目も見ず、声もかけず、笑いかけもしないでいたところ、なんとその赤ちゃんたちは全員、1歳まで生きることができなかったと言われています。

恐ろしい実験ですが、ここからわかるのは、**今こうして生きている私たちは、誰かにスキンシップを取ってもらって生きてきた**ということです。

記憶に残っていないとしても、確実にそこに誰かの存在があったはずです。一人で生きてきた人はいません。

「自分一人で生きているんだ」と私はずっと勘違いしていた時期がありました。しかし、**身の回りを見渡しても、自分一人で生み出せたものなど一つもありません。**

今、私はこうして文章を綴っていますが、それは目の前にパソコンがあるからできますし、このパソコンも自分で生み出したものではないし、電気が通っているのも、電気を発明した人がいるからです。

そもそも本を出版することが決まったのも、「YouTubeをやってみたら」と言ってくださった方がいたからで、それを続けられているのも、動画を見てコメントしてくださる方々がいるからで、「本を出しませんか」と言ってくださった編集者さんがいるからで……と、挙げればキリがありません。

あなたが今こうして本を読むことができている背景に、**いろいろな人や物の「お陰様」が隠れています。**

今まで生きてこられたのは、誰かが支えてきてくれたからです。

今、この本を読むことができているのは、あなたに仕事を与えてくれた人がいるから本が買えたのかもしれないですし、誰かがプレゼントしてくれたからかもしれません。その「お陰様」をぜひ見つけてみてください。

感謝のエネルギーについて、この本でもたくさん述べてきました。

「感謝が大切」とよく聞くと思いますが、ここまで読み進め、実験されたあなたなら、「感謝しよう」と思わなくても、きっと感謝が自然と湧き上がってくるはずです。

その想いがあらゆるものとの調和につながり、あなたにとてつもないエネルギーをもたらしてくれるのです。

あなたは間違いなく、愛され、守られています。

大切な人にこそ本音を伝える

思っていること、感じていることを相手にしっかり表現することは、とても大切です。特に、パートナーや家族など、いつも身近にいる人には、本音でつき合う関係を築いておくことは必須。

本音が言えないと「ありのままの自分を受け入れてもらえる」という感覚が育たないからです。

けれど、多くの人は「本音を言ったら相手に嫌われてしまうのではないか」「関係性が崩れてしまうのではないか」と思い込んでいるので、なかなか本音が言えません。

でも、本音を言ったら本当に相手に嫌われるのでしょうか？　本当に関係性が崩れてしまうのでしょうか？　言ってみないとわからないですよね。

そもそも、本当の自分の気持ちを隠してつき合う人間関係で、心から幸せな気持ちになるのでしょうか。本心に背けば背くほど、苦しくなります。

それなのに、本音を伝えず適当にその場をやりすごしてしまうと、相手との関係性は浅くなるばかりです。何より、まず自分が本音を伝えないと、相手も本音を伝えてくれません。大事な人にこそ、素直な本音を伝えましょう。

怖がらなくて大丈夫です。自分と相手の方へ愛情を持って伝えれば、【実験3】（58ページ参照）でもあったように、相手の無意識がしっかりと本意をキャッチしてくれます。

また、**本音を相手に伝えるときは、「あなたが～だから」と、相手を主語にするのではなく、主語を「私」にすると良い**です。「私は～と感じたよ」「私は～が好きかな」と、あくまでもあなたの感じていることを伝えます。

自分の本音と、それを表現することに許可をおろすことで、相手に本当の自分を受け入れられ、さらに愛されるようになるのです。

私は、夫とはつき合う前から、言いたいことを全部本音で話していました。

たとえば、「子どもを育てるなら35～36歳以降と決めている」とか「子どもは海外で育てたい」とか「私はまだまだやりたいことがいっぱいあるから、それを邪魔したり束縛したりするようなら無理」とか「家事は分担したい」とか……。
もう言いたい放題です！（笑）
「ご主人がかわいそう……」という人もいますが、自分が我慢して苦しまなければいけない結婚生活を送るくらいなら、結婚しなくていいと思っています。私には理想の生きかたがあるので、自分の思っていることや感じたことを夫と共有しています。
私自身、自分が自由に生きることに許可をおろしているので、夫も、私が自由に生きることに許可をおろしてくれている人です。本当にありがたいなと思います。

本音で生きなければ、自分を幸せにしてあげられません。

まずは自分で自分を幸せにしてあげる必要があるのです。自分の気持ちにフタをせずに、正直に思いを伝え、大切な人と共有していきましょう。
もちろん、相手の本音にも同時に耳を傾けてくださいね。そうすることで、今までよりも人とのつながりを深く感じられるようになります。
自分にも相手にも、丸ごと受け入れて愛する気持ちが、自然と湧き上がってくるでしょう。そのエネルギーが、さらにあなたの人生を豊かにしてくれるのです。

自分も相手もエネルギーが上がる手紙の力

最近あなたが手紙を書いたのは、いつですか？

また、手書きの手紙をもらったのは、いつですか？

今はメールやＬＩＮＥの時代で、手っ取り早く連絡が取れますが、こんな時代だからこそ、ぜひ手書きで人に想いを伝えましょう。

メールだとパパッと打ててしまう文章も、手紙になると言葉選びに慎重になったりします。この相手へ想いを馳せる時間が大切なのです。いつもそばにいてくれる人に、感謝の気持ちを書いてみませんか。

手紙は受け取ったほうもうれしいのですが、書いているほうもエネルギーが上がります。「自分は、相手にこんな想いを抱いていたんだ」と再発見するかもしれません。

言葉で伝えると照れくさいことも、文字で表現するのであればハードルも下がります。パートナー、両親、友人など、伝えたい想いをぜひ手紙にしてみてください。相手を想って、便箋を選ぶ時間も楽しいものです。

そのエネルギーが手紙にのりますし、**書いている最中も、相手の無意識に気持ちは届いています。**

私の親友は、幼少期の頃から両親に「可愛いね」といつも言われていたお姉さんをうらやみ、ライバル視して生きてきたそうです。

しかし、本当はお姉さんのことが大好きなのに、お姉さんにずっと素直になれないでいることを悩んでいました。

あるとき、お姉さんに対する素直な気持ちを手紙に書き、お姉さんに会いに行って、号泣しながら読んだそうです。

突然の手紙にお姉さんは驚いていたそうですが、手紙を読み終えた後、お姉さんは「私は長女で、お姉ちゃんだからしっかりしなきゃって思って生きてきて、あなたがうらやましいときもあったの。でも私もあなたが大好きだし、あなたはいつも一生懸命で、努力家で、自慢の妹だよ」と素直な気持ちを話してくれたそうです。

自分が勝手にライバル視をしていただけで、お姉さんにはお姉さんの苦労があったこと、自分は愛されていたことに気づき、「私はお姉ちゃんがずっとうらやましくて素直になれなかったけど、大好きだし、大切な存在だよ」と口に出して伝えることができたそうです。

この日に2人で号泣して以来、お姉さんとの関係性がとても良好になったと話してくれました。彼女はそれまで、自分の思いや本音をあまり人に伝えることが得意ではなかったそうなのですが、手紙を書くようになり、日常生活でも本音を伝えられるようになったそうです。

相手のことを思いながら手紙を書いていると、してもらったことや、楽しかったことなど、原点を思い出すことができるので、感謝の気持ちも湧いてきます。相手もうれしいし、自分も幸せな気持ちになれますよね。

「自分は愛されていない」と思っている人も、思い出を回想しながら手紙を書くことで、あなたは過去、たくさんのことを周りの人にしてもらってきているのだということに気づくでしょう。

あなたは実はものすごく愛されています。ぜひそれを思い出してほしいなと思います。

大切な人に向けて書いた手紙は、**渡す前に写真を撮って残しておく**といいですね。

私は、結婚式で両親に書いた手紙をよく振り返ります。大号泣しながら両親と夫への感謝を綴った手紙は、今は両親の手元にありますが、私の写真アルバムの中にも大事に残しています。

相手との関係性の原点を振り返ると、エネルギーがあふれる感覚を感じることができるはずです。

人から嫌われることを恐れない

あなたは、自分の思いを表現することが得意ですか？　苦手ですか？

私は、ＹｏｕＴｕｂｅ動画の中でいつも、「思ったことをコメント欄にひとことでもいいので書いてみてください」と伝えています。それは、自分の思いを表現する練習になると思っているからです。

とはいえ、まだまだ自分の思いを表現することに恐れを抱いている人も多いもの。その大きな理由は、人に批判された経験があったりして、人にどう思われるかを心配しているからです。

でも、どうせ誰かには嫌われます。

１００人中１００人に好かれることはないのです。何を言っても、嫌われる人からは嫌われます。それを受け入れたら、本音を言うことは怖くなくなります。

でも、いきなり受け入れるのは難しいかもしれません。

その場合は、まず自分の周りを信頼できる人で固めることから始めてください。第

1章でも述べたように、自分を否定してくる人や苦手な人とは距離を置くことがとても大事です。

そして、**何を言っても受け入れてくれる信頼関係のある仲間たちの中で、「自分の思いを話す練習」をさせてもらう**のです。

安心できるコミュニティの中で自己表現ができるようになれば、次はもう少し外に向かって、最終的には大衆に向かっても、本音を言えるようになります。

そういう意味で、私のＹｏｕＴｕｂｅ動画のコメント欄は、初めて書きこむ人も安心して思いを表現できる〝安全地帯〟となるように意識しています。

安心して自己表現できる場がないという人は、本音を話す練習の場として活用していただけたらうれしいです。

自分を愛する人に物もお金も集まってくる

物を丁寧に扱う人は自分を大切にしている人、物を雑に扱う人は自分を雑に扱っている人。なぜなら、「物も人間と同じ素粒子でできていて、集合的無意識で物も人も全部つながっているから」ですね。

「ここまで読んだけど、自分を愛することはやっぱり難しい……」と感じるならば、まずは身の回りのものを大切に扱ってみてください。**それが結果、自分を大切に扱うことにつながっていきます。**

わかりやすいことに、仕事に追われていっぱいいっぱいになっているとき、私はよくスマートフォンを床に落として画面が割れます。スマートフォンに「ごめんね」と謝り、すぐに修理に連れていきますが、**自分をもう少し大事にしてねというサインだ**なと思っています。

焦っていたり余裕がなかったりすると、物に意識を向けることはできません。だからこそ意識して、身の回りの物を大事に扱うと、心に余裕が生まれます。

3章でもお伝えしたように、靴は揃える、物は両手で優しく置く、スマホや財布などは磨いてあげるなど、いつも使っている物への扱いを意識してみてください。

丁寧に物を扱うということは、あなたがその物に優しいエネルギーを発していることになります。

物への扱いと自分への扱いは同じ。物を雑に扱っていると思うなら、まずは丁寧に扱ってみましょう。

すると、あなたが丁寧に扱われる状況が現実化していきます。

引き寄せ力がぐんぐん加速する「口角上げ」

ガッツポーズをしながら落ち込むことはできますか？　できませんよね（笑）。これは心と体がつながっている証拠。こんなふうに**人間の感情は行動ひとつで簡単に変えることができる**のです。

自分を喜ばせるためのてっとり早い方法があります。それは、口角《こうかく》を上げることです。口角が上がっていると脳は「今、幸せなんだ」と錯覚します。その結果、幸せホルモンと呼ばれるセロトニンが分泌。人はセロトニンが出るから幸せを感じられると前述しましたが、口角を上げるだけでセロトニンを出すことができるのです。

がん細胞も笑いで消えるという事例があるように、口角を上げているだけで、健康にもなるし、楽しくなれるって、最高ですよね。

実際、ＹｏｕＴｕｂｅの視聴者の方々に口角上げを試していただいたところ、うれしい報告がたくさん届きました。

苦手な人と仲良くなった、いろいろな人が話しかけてきてくれるようになった、孤立していたのがウソのように友達がたくさんできた、コンビニの店員さんが優しくなった、いい出会いがあったなど。

私自身も学生時代、モテるためにこの口角上げを意識していました。実際、同性からも異性からもモテましたよ（笑）。

表情筋も鍛えることになるので、顔にも張りが出てキレイになるし、良いことしかありません。拍子抜けするほど簡単ですが、瞬時にわくわくして楽しい気持ちになりますから、ぜひお試しを。

「微笑みの女神」になることで、引き寄せ力もどんどん加速していきます。

会話をするときは相手の目を見る

会話をするとき、ちゃんと相手の目を見ているでしょうか。

私は大学生のとき、飲食業界で有名なレストランでオープニングスタッフとしてアルバイトをしていたことがありました。

そこで接客サービスについて徹底的に叩き込んでいただいたのですが、その1つに「お客様の目を見て会話をする」というものがありました。

できていないと、バックヤードで皿が飛んできそうになるほど叱られるスパルタな上司でしたが、お客様に最高のサービスを届けるために熱い想いを持ったスタッフが揃う最高の職場でした。

お客様の目を見て、相手を心から想い挨拶・会話をしていくと、**人とつながる感覚や心が通い合う感覚を覚えるようになり、「幸せだなぁ」と感じる瞬間にたくさん出合えるようになりました。**

実際、その職場で働けるのが幸せで、最初の頃は毎日泣きながら帰っていました。

目の美しさは魂の美しさに比例すると言われるように、目は魂の状態を反映している場所。だからこそ、**目をしっかり見て会話をするということは、魂でコミュニケーションを取ることにもつながる**のです。

それ以来、人と会話をするときは目をしっかり見るようにしていますが、残念ながら目がなかなか合わない人のほうが多いのが現状。

人からは、「Ｈｏｎａｍｉさんって、すごく目を見てきますよね」と言われることが多いのですが、無意識に目を見ることが染みついています。

ぜひ、目を見て会話することを意識してみてください。

心で会話ができるようになるので、人とつながる感覚がわかるようになります。

自分の本音がわからない人に伝えたいこと

私は大学3年のとき、キャンパス内の売店で、ある一冊の本と出合いました。その本を開くと、「きみは、漫然と生きていていいのか」という文字がいきなり目に留まり、ドキッとした私はその本を購入し、一気に読み進めました。

心が突き動かされた私は、その本の著者が経営する、就職活動のためのスクールに入学しました。そこは、自分の弱さも全部さらけ出し、過去の自分と向き合う自己分析をするガチンコ塾。


「あなたは本当はどうしたいの？」

「どう生きたいの？」

「どう在りたいの？」

「今の人生、本当に楽しい？」

「今のまま漠然と生きていていいの？」

「本当に生きたい未来はどんな未来なの？」

毎日毎日、仲間と共に、自分に問い続けました。

それまで生きてきた中で、「誰もが認める大手企業に勤めなければならない」「給料が高い会社のほうが良い」など、常識や枠の中で考えるように教えられてきたので、自分の本音がわからなくなっていました。しかし、そのスクールと仲間のおかげで、自分はどう生きたいのか、どう在りたいのか、という原点を思い出させてもらいました。

卒業後も「自分が本当に求める生きかた」を探り続け、そうした中で、今一緒にいるスタッフや親友たちとも出会えています。

彼らもその時期に「本当に今の自分のままでいいのか」と思っていたタイミングで、私と出会っています。

お互い真剣に、本当の自分を生きたいと求めたからこそ出会えた仲間なのです。

今はお陰様で、ＹｏｕＴｕｂｅを見てくださっている方から「本当に自分が求めている生きかたが見えてきました」「心の声が聴こえてくるようになりました！」というコメントをたくさんいただくようになり、うれしい限りです。

私が実施しているオンラインプログラムを受けた方の中には、「本当にやりたいことがわかりました」と泣きながら報告してきてくれた方もたくさんいらっしゃいます。

大学生の頃の私が、一冊の本との出合いがきっかけで自分の本音が引き出されていったように、この本であなたの本音が引き出されたらうれしいです。

「本当に行きたい未来は、どんな未来ですか？」

第5章

5

望む未来をクリエイトして、軽やかに夢を叶える！

あなたの望みを叶える簡単3ステップ

ここまで、「不要なものを手放す」「五感を磨く」「自分を愛する」トレーニングをしてきました。そんなあなたの潜在意識はかなり整えられているはずです。

そこで、本章では、**思い通りの人生を歩むために、クリアになった潜在意識に望む未来を入れて、軽やかに現実をクリエイトしていく方法**をお伝えしていきます。

未来をクリエイトするために大切なことは、たったの3ステップです。

①理想の自分を明確にする
②潜在意識に刻む
③浮かんだことを楽しみながら即行動する

この3ステップについては、「望む未来をクリエイトする方法」の項で詳しく後述しますが、あとは感覚のセンサーに従って目の前にくることをどんどんやっていれば、ベストなタイミングで叶うようになっています。

「はじめに」でも話したように、この方法で望む未来を手にした方からのうれしい報告は、数え切れないほど届いています。

- 起業したものの収入が少なく経済的に不安を抱えていたところ、メディアに取り上げられるようになり、収入が安定した。
- 彼氏なんてできるはずがないと思っていたけれど、自己肯定感が上がったら、気になっていた人から告白された。
- 脳出血で倒れ、会話ができなくなった夫との生活に不安を抱えていたが、夫が言葉を話し出して、どんどん回復してきた。
- 本当にやりたいことが「書道」だとわかり、夢中で没頭していたら、個展開催の声がかかり、初の個展が決まった。
- 婚活を続けてきたものの空振りばかりで悩んでいたが、あっという間に結婚できた。

・子どもが欲しいと思いながらも夫を男性として見ることができなかったが、思い込みを外したことで夫に愛情を注げるようになり、妊娠できた。

まだまだ、うれしい声はたくさん届いていますが、ここで大切なことは、目の前にきた出来事をいちいちラベリングしないこと。

人間は、自分の価値観で「これは必要、これは不要」というふうに勝手に判断してしまいますが、起こっていることはすべて完璧なのです。

ラベリングするというのは、たとえて言うと、次のようなことです。

あなたがチキンオムライスを食べたいとしますよね。宇宙は、そのために必要な鶏肉を、あなたの目の前に用意してくれます。ですが、あなたは「私が欲しいのはチキンオムライスだ！　鶏肉じゃない！」と言い出します。次に宇宙は、あなたのために目の前に卵を用意します。しかし、またあなたは、せっかくチキンオムライスのために用意された卵でさえも無視します。こうして、いつまで経ってもチキンオムライスは完成しません……。これと同じようなことが、現実に起こっています。

現実世界の中で、超意識はいつもあなたが意図した未来に向けて、ベストなものをあらゆる方法で目の前に与えてくれているのです。

ですから、一度夢や目標を潜在意識に刻んだら、起こる出来事すべてを受け入れ、浮かんだことはすぐに行動に移してみることが大切です。

それさえすれば、夢は叶うことになっています。

大いなる力とつながっている自分を信頼してくださいね。

実験5　現実創造されることを体感する

潜在意識に入ったものは必ず現実化すると言いましたが、その法則を日常の中で体感してみましょう。

気軽に試すことができる実験なので、毎日のように楽しんでもいいですね。

コツは、無邪気な気持ちで行うこと。

「そうは言っても、たぶん無理だよ」とか「そんなこと起こるわけがない」という気持ちが少しでもあると叶いません。

根拠は必要ないので、子どものように「面白そう〜！」という純粋な気持ちで試してみてください。

◎その1「青信号しか渡らない」と設定する

①外出前に、「今日は青信号しか渡らない」と決める
②何度か深呼吸をしてリラックスした後、目的地まで直感に従って、行く道を決める（直感で降りてきたルートを採用する）。すると、本当にすべて青信号で渡れるという現実が起こる

※注意：脳は否定形を認識できないので、「赤信号は絶対に渡らない」と設定すると、逆に赤信号にばかり当たるようになります。ですから、否定形ではなく、肯定系

で設定しましょう。

◎その2　食べたいものを設定する

①何度か深呼吸をしてリラックスした後、「〇〇を食べる」と決める（カレー、お寿司、パンケーキなど、食べたいものならなんでもかまいません）

②家に帰ると、そのメニューが用意されていたり、友達が美味しい店を紹介してくれたりするなど、そのメニューを食べる現実が用意される

多くの人の夢が現実にならない理由

夢を叶えたいと思っているのに全然叶わない、という人によくありがちなエピソードを紹介しましょう。

ある女性は、潜在意識に「起業の成功」を刻み込もうとしていましたが、何年もその夢が叶わずにいました。

なぜ叶わなかったと思いますか？

実は、**「起業の成功」は彼女の本当の夢ではなかった**のです。

彼女は44歳だったのですが、結婚せずに40歳になり、「結婚できないのなら、せめて起業で成功しなければ自分には価値がない」と思い込み、自分の夢は「起業の成功」だと思い込んでいたのです。

しかし、この本の中で前述してきたステップを踏み、心を取り戻す過程で「本当は、私は結婚したかったんだ」と気づくことができました。

「40歳を過ぎると結婚は難しい」という思い込みを持っていた彼女でしたが、自分の可能性を信じられるようになり、「結婚する」ことを夢に設定し直しました。

するとなんと、彼女はその数日後に理想の男性と出会い、半年後に結婚することができたのです！

ウソみたいなスピード感でしたが、心を整えていくことで、潜在意識もクリアになり、本当の夢や願望に気づくと、あっという間に実現することはよくある話です。

多くの方が、本当の自分の願望を勘違いしていることがあります。

だからこそ、この本で話してきたことを実践するのが大切。ここまでのトレーニングを重ねていると、自分の本音に気づきやすくなるからです。

「本当に自分が望むものは何なのか？」をしっかり確認することが重要です。

行動を邪魔する恐れや不安の正体とは？

「会社を辞めて独立したいけれど、失敗したときのことを考えると不安で……」と言って、なかなか行動できない人もいます。

このように**失敗するのが怖く、願いが叶わなかったことを考えると、不安で動けない人は共通した思いを持っています。**

たとえば、独立して失敗した場合、どうなるのが怖いのでしょうか？……おそらく稼げなくなることが怖いのですよね。その先は何が怖いのでしょうか？……お金がなくなるということがきっと怖いはずです。

お金がなくなると、ご飯が食べられなくなるのが怖い……その先は、家を追い出されてホームレスになるのが怖い……その行きつく先は……なんと「死」。

「やせられるか不安です」という場合も同じです。宣言してやせられなかったら……みんなに「やせなかったじゃん」と批判されて……その先は、信用を失うのが怖い……独りぼっちになったら嫌だ……孤独が怖い……一人になったら……生きていけない……。

このように、すべての人は貧困や孤独に強烈な恐れを持っていて、それを突き詰めると、実は「死ぬのが怖い」となるのです。

究極の恐れは死。つまり、**死にたくないから願いを叶えないほうがいい、ということになり、行動しない**わけです。でも、その死でさえも思い込みです。

もし、あなたが独立に失敗して収入がなくなったら、必死に稼ぐ方法を考えると思いませんか？　選り好みしなければ、アルバイト先ならいくらでも見つかりそうです。今の家賃が高ければ、おそらく安い家に引っ越すでしょうし、田舎に行けば野菜くらい分けてもらえそうですね。

ダイエットに失敗して、周りからの信用を失うなんてことも、なかなかなさそうですし、万が一そうなったとしても「宣言しちゃったけど、無理だったみたい（笑）」

と素直に言えば問題なさそうです。

不安にさいなまれて動けないというのは、取り越し苦労です。

「こうなったらどうしよう」「ああなったらどうしよう」と良くないほうばかりをイメージして止まっているなら、それも勝手な妄想です。

前述したように、そんな妄想をしている時間を「どうしたら望む自分になれるのか」というポジティブな妄想に変えたほうが、幸せな未来は近づきます。

良くも悪くも、あなたが想像したこと、意識を向けた方向に、現実が創造されていくのです。だったら、理想の方向にエネルギーを注ぎたいですね。

お金が回らなくて貧乏のどん底を経験した私の話も前述しましたが、ある意味、そこまで落ちたからこそ、あとは上がるしかないと思えました。

そう考えると、どんな経験も自分に必要なもの。

無駄になることなんて1つもありません。だったら、チャレンジしたほうが刺激的で楽しい人生になります！

✦叶うと決めて、思い浮かんだことを全部やる！

本当に望んでいることで叶うと決めていたら、叶わないことはありません。

知人の息子さんは陸上選手ですが、ある陸上用シューズを手に入れたいと思っていました。でも、そのシューズはほとんど入荷されず、入荷してもあっという間に売り切れてしまうレアもの。市場にはほぼ出回りません。

しかし、手に入れると決めていたので、とにかく毎日のようにスポーツ店に「入荷はいつ頃でしょうか？」と電話をかけ続けました。

そんなある日、息子さんが電話をかけていたスポーツ店にふと立ち寄り、店員さんに「まだ入荷していませんか？」と聞いたところ、その声で店員さんはいつも電話をしてくる人だとわかったそうです。

すると、「本当はうちで予約販売はしてないのですが、入荷したら特別に連絡するので、連絡先を書いてください」と言って紙を渡され、なんと**その1週間後、本当にプレミアシューズを手にすることができた**そうです。

そのシューズを手に入れると決めて、いま思い浮かぶ方法を全部やった結果、願いは叶ったわけです。

私もいろいろな現実創造にチャレンジしてきて思うのですが、神様（超意識）はお試しが好きなようです。

「本当に欲しいのか」を試すかのように、現実化までにタイムラグがあったり、予期せぬ壁を用意してきたりします。ですが焦らず、叶える未来を決めたら、浮かんだことをすぐやるのみです。

決めたら叶います。

本音はAなのに、Bでもいいかなという妥協が、願いを叶わなくさせているのです。

決めたら叶うと信じて、今やれることをやる。

それだけで、本当に願いは叶います。

「思考」ではなく「感情」が現実化する

もう1つ大切なことは、決めた願いに固執しすぎないことです。

「絶対にこうならなければいけない」と力めば力むほど、その思いが執着になって、なかなか叶わなくなってしまいます。

なぜなら、**「絶対にこうならなければいけない」と力んでいるということは、「この願望を叶えるのは難しい」と潜在意識に刻んでいるようなもの**だからです。

大切なことは、ゆるみながら楽しんでやること。

今を楽しんで生き、幸せを感じていることが大切です。

私たちは、理想の自分になりたいと願いますが、実のところ、願いを叶えたら幸せというよりは、**叶った瞬間の喜びを味わえたら満足します。**

究極的には、喜べたらなんでもいい。喜べれば、理想が叶っても叶わなくても幸せを感じられるということです。

そう考えると、この「望む未来をクリエイトする」ための一連の作業をする意味は、楽しんでイメージし行動することで、その感情が次の楽しいことを引き寄せるためにしているとも言えます。

思考は現実化するというよりも、感情が現実化する。

だから、日頃から気持ちいい生活をして、喜べる毎日を送っていたら、そのような未来がどんどん現実化していくのです。

一度理想の自分を設定してわくわくしたら、あとは固執せずに、目の前のことを精一杯楽しみながら取り組んでいれば大丈夫！

本当に望むことなら、必ずベストなタイミングで叶うようになっているので、それまで自分を愛し、信頼して行動していてください。

楽しんでいれば、そのワクワクのエネルギーで人や運が集まり、想像以上の幸せを引き寄せられるようになりますよ。

ネガティブな感情も上手に活用しよう

「決めれば叶うとは言っても、行動がめんどくさい」という人は、恐れの感情をうまく使ってみましょう。

たとえば、ダイエットをしてスリムになりたいけど、運動するのが億劫《おっくう》な人も、「あと1カ月で5kgやせないと、あなたは死にます！」と言われたら、すぐに外を走り出しますよね。

つまり、結局のところ、恐れの感情のほうが人を動かすということです。

そこで、**行動できなかったときの最悪の状況をあえてイメージしてみてください。**

このまま何も行動せずにいたとしたら、最悪どうなりそうですか？

たとえば、「どんどん太っていき、気に入った洋服も着られなくなって、服をすべて買い直さないといけなくなる」「リストラに遭って、いつまでも職が見つからず、家賃が払えなくなって家を追い出される」など。最悪なシーンを具体的にありありとイメージします。

嫌な気持ちになるまで想像していると、今のままだとこうなる恐れがあるならば、行動しようと思えてきます。

たいていの人が「恐れの感情は良くない」と思い込んでいるのですが、恐れが悪いわけではありません。

恐れがあるから行動に移せることも、いっぱいあります。

行動の継続が苦手な人も多いと思いますが、私はよくこの恐れのイメージを使って、うまく自分を行動させるようにコントロールしています。

もちろん、平和で幸せなことだけイメージしてその通りになればいいのですが、頭の中がお花畑になりすぎて行動がまったく伴っていないと、結果が現実に現れてくれません。

だって、ただ家で祈っているだけで、やせられたり、お金が降ってきたりするわけではありませんよね。

やせるにしても、お金を稼ぐにしても、行動しなければ現実にはなりません。

「恐れをイメージしたら、それが現実になってしまいませんか？」と質問されることがありますが、現実化までにはタイムラグがあるので大丈夫です。

恐れを使って最初の一歩が行動できたら、今度はしっかり自分が望む未来のイメージに切り替えて行動していきましょう。

恐れと快楽の感情のバランスをしっかりと自分でハンドリングしていくのです。

恐れが悪いとレッテルを貼るのではなく、恐れも味方につけて行動に移していけたら最高ですね。

「ふと思ったこと」が超意識からのサイン

「願いはあっても、叶える方法がわかりません」という質問もたくさんいただきます。そういう場合、詳しくは後述しますが、モデルとなる人を探し、その人を模倣するのがおすすめです。

あなたが理想とするライフスタイルを手にしている人を見つけて、会いにいくのが最も強力です。

もし可能なら、どうやって今の状態になったのかインタビューしてみましょう。それが、願いを叶える方法を知るのに一番手っ取り早いです。

しかし、もしそれができそうになかったり、ピンと来ることがない場合は、ひとまず方法を考える必要はありません。

あなたの直感に従って、ひらめいたことを行うだけでOKです。

一度設定した目標に対して、超意識はあらゆる方法でアイデアや手段を与えてくれているのですが、それが直感やひらめきなのです。

「ふと思ったこと」が超意識からのサインです。

たとえば、目の前に飲み終わった空のペットボトルがあって「捨てたほうがいいな」と思った場合、それを無視するのではなく、すぐ捨てること。「すぐ！」です。

目標とはまったく関係ないことかもしれませんが、**無意識では、こういう些細《ささい》なことも全部つながっているのです。**

以前、朝早くに目が覚めた瞬間、「3万6000円の家賃でワンルーム。敷金・礼金が0円、水道代が1000円、冷蔵庫とエアコンがついていて、コインランドリーが近くにあって、今の住所から10分以内で行ける〇〇2丁目あたりの部屋」というインスピレーションがぶわーっと降ってきたことがありました。

なんだろうと思って起きたのですが、あまりにも鮮明だったので気になり、特に引っ越す予定もなかったものの、不動産屋に行ってみました。

お店に入ると若い男性が出てきて「お部屋探しですか?」というので、「○○2丁目あたりで、3万6000円くらいの家賃でワンルームの部屋とかってないですよね?」と聞くと、「その値段ではないと思いますが……ちょっと見てみます」と言って調べてくれました。

そうしたら「ありました!」と言って見せてくれた物件が、朝浮かんだイメージを全部満たしていたのです。その場で物件を一緒に見に行ったところ、物件の横にはコインランドリーがありました。

部屋に入った瞬間、直感的に「ここだ!」と思ったので、その場で「借ります!」と即決。そうして、新居での暮らしが始まりました。

その部屋で暮らしたことと、今の私の現実にはなんの関係もないように思えるかもしれません。でも、その部屋に引っ越したことがきっかけで、いま一緒に夢に向かっている、近所で働いていた夫や親友たちとの出会いにつながっていきました。

ひらめきを無視しないでください。

一見、設定した目標となんの関係もなさそうに見えても、無意識の奥底ではつな

がっていて、あなたが望む現実をつくるための大切なひとかけらです。

大きな夢を叶えた方々と話す機会も多いのですが、「あのとき、もしひらめきに従っていなかったら、今の自分はなかった」「過去を振り返ると、すべての出来事の点と点が、線でつながっていたんだと感じる」という話をよく聞きます。

意味のないひらめきはないのです。

自分の夢や望みを簡単に見つける秘訣

誰かと出会って喜んだり、嫌な気分になったりと、私たちの心は目の前の人や出来事に反応しますよね。心は本当に素直です。

前述しましたが、自慢げに話す友達を見てイラッとくるなら、あなたの中にも認めてほしい欲求があるということですし、甘え上手な人を見てモヤッとするなら、あなたの中に甘えたい欲求があるということでしたね。

「自分の望むものが何なのかがわからない」という声もよくお聞きしますが、その場合は、自分が嫌だと感じることを逆転させると、自分の望みが見えてきます。

なぜなら、**嫌だと感じることがあるなら、その逆に望んでいることがある**からです。

私は中学時代から「理想の彼氏の条件リスト」をつくっていました。

そして、つき合っていた彼氏と別れるたびに、違和感のあった部分を冷静に書き出していました。自分の理想の彼氏を明確にし、潜在意識に入れるためです。

たとえば、「道路に唾を吐く人は嫌だ」「家族と仲が悪い人は嫌だ」「束縛する人は嫌だ」「タバコを吸う人は嫌だ」というように嫌と感じたことを書き出します。こうして嫌なところを書き出したら、今度はその逆を書き出します。

すると「清潔感のある人」「家族思いの人」「友達に優しい人」「健康志向な人」というようになります。

こうして**嫌なところがあるたびにリストを更新することで、自分の理想の彼氏像が明確化され、どんどん理想に近い人と出会えるようになっていく**のです。具体的にすればするほど、理想の人と出会える確率が高まります。

ほかにも、私は大学生の頃、アルバイトをするものの、すぐに飽きてしまい長続きがしなかったので、アルバイト先の嫌だと感じていた部分、違和感のあった部分を書き出して、逆転させていました。

すると、「決まった仕事をただやるだけの環境」に飽きてしまうことを発見しました。ほかにも自己探究していくと、「プロ意識を持っている人たちと働ける」「スタッフを家族のように大事にしてくれる」「活気があって成長しながら自分を変えていけること」を望んでいるのが明確になりました。

その結果、前述した飲食業界で有名な社長が経営するレストランのオープニングスタッフの求人を見つけることができたのです。

ちなみに、その面接に行ったとき、「大学生は採用していません」と一度断られたのですが、「社長のお店で働きたいと思ってきました。もう大学3年で授業も少ないので、週7で社員のように勤務する覚悟はできています」という熱意を伝え、採用していただきました。これも、大きなエネルギーが現実を動かす例です。

自分が何を望んでいるのかわからないという場合は、ぜひこんなふうに逆転させてみてください。

恋愛やアルバイト先に限らず、**自分はどんな暮らしを望んでいるのか、どんな生きかたがしたいのか、何に幸せを感じるのかなど、自分自身の望みを明確にするためにも十分役に立ちます。**

「嫉妬」があなたの望む未来を教えてくれる

誰かに無性に嫉妬することって、ありませんか？

私は今から数年前、多くの女性起業家たちがオンライン上で活躍し始めた時期に、彼女たちに勝手に腹を立てていました。

当時、経済的にも厳しい時期だったので、「なんで私だけうまくいかないんだ……」と完全にふてくされていたのです。

でも今なら、それは間違いなく嫉妬だったとわかります。

なぜ嫉妬していたのかというと、自分もそうなれる可能性を知っていたから。

たとえば、私はパイロットに憧れたり、嫉妬したりすることはありません。それは、パイロットになりたい気持ちが自分の中にまったくないからです。

つまり、嫉妬を感じるということは、自分もそうなれると思っているということ。

嫉妬心を見つめることで、自分の願望がわかります。

こんなこともありました。数年前、あるアーティストのライブを友人に誘われて見に行ったときのことです。運良く私たちはステージの目の前でライブを聴くことになり、私の顔の目の前に、ボーカルの方の足がありました。

その状況に私は無性に腹が立ったのです。「なぜこの人がステージの上で、私が下にいるの？　なんでこの人は私の目の前で気持ちよく歌っていて、私はそれを見上げているんだ⁉」と（笑）。

後から気づきましたが、要はうらやましかったわけです。**私はステージの上に立ちたい、聴く側よりも発信側に回りたい、そんな願望がアーティストの方への嫉妬として現れた**わけです。

嫉妬はあなたが望む未来を教えてくれるサインです。嫉妬が湧いてきたら、なぜ嫉妬するのか自分に矢印を向けてみましょう。

ちょっとした心の動きを見逃さないようにしてくださいね。

望む未来をクリエイトする方法

ここからは、望む未来を現実にする方法をお伝えしていきます。

その前に大前提として、**素直であることが大切。**自分の心に正直にならない限り、自分らしく軽やかに現実をつくることはできません。

本章ではここまで、「心の声を聴く」ために行うべき、さまざまな方法をお伝えしてきました。

偽った自分ではなく、本当の自分が求めている声を聴いたうえで、楽しみながら実践していきましょう。

STEP

1

理想の自分を明確にする

理想の自分というと、「自分だったらこれくらい」という枠の中で考えがちですが、ここでいう理想の自分とは、「なんでも叶う」という前提でイメージした自分。「そうなれたらいいけど無理」とは思わず、自由にイメージすることが大切です。

理想の自分を具体化して書き出す

具体化する作業は、リラックスした状態で行います。

ソワソワしていたり、忙しかったりして居心地が悪い状態で書き出そうとしても、本当の願望が浮かびにくいからです。

お風呂の中や好きなカフェなど、心が落ち着く場所でゆったりした状態で書くことが大切です。リラックスしているときや楽しんでいるときに、潜在意識の扉が開きます。

好きな音楽を聴きながら書くのもおすすめです。

たとえば、こんな感じです。

目が澄んでいてキレイ、髪の毛はストレートヘア、白くて透明感のある肌、笑顔が可愛い、唇にツヤがある、二の腕が細い、ウエストがくびれていてヒップが上がっている、常に背筋がピンとした美しい姿勢、歩く姿も颯爽《さっそう》としてカッコイイ、シンプルで高級感のあるファッション、社交的、常に前向きな気持ちでいる、裏表がない性格、信頼できる仲間がたくさんいる、普段は講師業でときどき全国を回ることもある、週休3日で楽しく仕事をしている、夫と子ども2人と暮らしている、家族は仲よしでよく話す、年収1000万円以上、ときどき友人が来てホームパーティをする、住まいは一軒家、犬を飼っている、「楽しそうだよね」とか「明るくてキラキラしてるよね」といつも言われる……。

こんな感じで、**外見（目・鼻・口・髪・肌質・体型）だけでなく、姿勢、洋服、持ち物、性格、仕事、家族、友人、よく人から言われる言葉など、「理想の自分」について制限をかけず具体的に書き出してください。**

また、潜在意識は肯定と否定の区別ができないため、否定語は使わず、肯定語で書き出します。たとえば、「ニキビがない」と書くと、「ニキビ」が潜在意識に刻まれてしまいます。その場合は、「つるつるのゆで卵のような肌」と書きます。

私は、絵のほうがイメージが湧きやすいので、理想の自分を絵に描き、たとえば髪の毛から線を引っ張って「ツヤがある」、目から線を引っ張って「瞳がキレイ」など絵と文字で書いたりしています。

かなり具体的に想像しながら絵に描くことになるので、潜在意識に刻まれやすいのです。

また、日々を過ごす中で、「これ素敵！」「あんな人になりたいな」と感じる瞬間があったら、理想の自分として書き足していくのもおすすめです。

雑誌を見ていて「この人の洋服、ステキ！」「こんなお家に住んでみたい！」と感じるような写真があれば、切り抜いてお気に入りのノートに貼るのもいいですね。ビジョンボードと言って、手に入れたいものやライフスタイルを、ボードに貼っていく方法も楽しいです。

そこに貼っていたものが、数カ月後、数年後に気づいたら手に入っていた、というのもよく聞く話。わくわくしながら切ったり貼ったりすることで、潜在意識に入っていきます。

具体的に書きたくても理想の自分が浮かばない場合は、気になる人を何人かピックアップして、その人のどんなところが好きなのかを書き出してみましょう。

たとえば、「長澤まさみさんのチャーミングな笑顔が好き」とか、「菜々緒さんの凛《りん》とした こびない感じが好き」など。

また、「やっていることは好きになれないけれど、カリスマ性は魅力的」とか、「毒舌なのに、愛されるキャラクターがうらやましい」など、その人自身は好きになれないけど、取り入れたい要素があるという場合は、その要素も書き出してください。

そのうえで、「笑顔がチャーミング×凛とした感じ×カリスマ性×愛されキャラ」というふうに、好きな要素をかけ合わせると、理想の自分を定義しやすくなります。

イメージを広げるために、ぜひ試してみてください。

自分にキャッチコピーをつける

理想の自分が浮かんだら、**その自分をひと言でいうと、どういう自分なのかを表す肩書き（キャッチコピー）をつけます。**

たとえば、営業成績ナンバー1を目指しているなら「営業の女王」だったり、みんなに元気を与える存在の自分を理想とするなら「歩くパワースポット」だったり。気持ちが上がるような肩書きを設定するのがおすすめです。

なぜ肩書きを設定するのかというと、私たちは気を抜くとすぐいつもの自分に戻ってしまうからです。

理想の自分になるには、可能な限り、その自分を意識していることが大切です。わくわくする肩書きで、日常の中でもマインドセットをしていくと効果的。「私は営業の女王です」と、1日の中でぶつぶつとつぶやきます。一見怪しいですが、理想の肩書きを口に出すことで、自然と背筋が伸びるはず。これも言葉の力です。

しばらく口に出していると板についてきて、しっかり潜在意識に刻まれ、あなたの考えかた、しぐさ、行動、あらゆるものが無意識的に変化していきます。そうして気がついた頃には、本当に「営業の女王」になっています。

今、そうじゃなくても、おかまいなしに自分がわくわくする肩書きを設定し、口に出していきましょう。言葉のエネルギーに現実がついてきてくれます。

「理想の1日」「理想の瞬間」を書き出す

次は五感を使って、理想の自分の1日をより具体化していきましょう。

見えている景色、聞こえる音、感触……それらを詳しく書き出します。

たとえば、「朝6時に起きて、温かい白湯を飲み、窓を開けて、ひんやりした空気で気を引き締め、太陽の光を浴びながらヨガをする。

庭のお花に「おはよう」と声をかけながら水やりをして、お気に入りのジャージに着替えて、散歩。

散歩から帰ってきたら、野菜たっぷりのワンプレート朝食を美味しくいただきながら、パートナーと楽しく会話。

仕事に行くパートナーをハグとキスで送り出したら、手帳を開いて今日1日のスケジュールを確認し、パソコンを開いてメールチェック……」

「こうなったら最高に楽しい！」というわくわくする1日を書き出してください。

そして、月曜日から日曜日、朝から晩まで、理想の時間の過ごしかたを時間軸も入れながら、すべて書き出します。時間がかかる作業ですが、具体的にすればするほど現実化されやすくなるので、どんどんイメージを膨らませて、楽しんでやってみましょう。

また、「理想の瞬間」を書き出すのもおすすめです。

たとえば、子どもが欲しい人は、「子どもが生まれて、その子を胸に抱いている瞬間」をイメージしてみます。

場所も産院なのか助産院なのか、分娩時に夫はそばにいるのか、どんなふうに喜んでいるのか、赤ちゃんに「生まれてきてくれてありがとう。あなたのママです。よろしくね」と言っている瞬間など。その場をできるだけ細かく書き出しましょう。

書きながら感動するほどの状態になれば、潜在意識に刻み込まれた証拠です。

あるクライアントさんに、「彼氏をつくって、その彼からティファニーのアクセサリーをプレゼントされたい」という方がいました。

そこで、彼の容姿、性格、告白されている場面、ティファニーのプレゼントをもらって喜んでいるところなどを書き出してもらい、浮かぶこと、やれることを全部やってもらいました。

それから4カ月後、**本当に理想に描いたような男性から告白されてつき合うようになり、ティファニーのアクセサリーをクリスマスにプレゼントされた**そうです。

日常の中では、目の前の現実を一生懸命生きることに時間が取られてしまい、なかなか理想の未来を書き出す時間は少ないのではないでしょうか。1カ月に1回、しっかりとその時間を設けるだけでも、確実に理想が現実化されるようになっていきます。

ぜひあなたも、理想のシナリオを物語のように描いてみましょう。

本当にわくわくするかチェックする

もし書き出したものがわくわくしなかったり、しっくりこなかったりするときは、潔く捨ててください。

せっかく時間をかけて設定しても、「やらなければいけない」「そうならなければいけない」と思っている可能性もあります。

たとえば、世間的に良いと思われていることを理想としてしまう場合もありますよね。でも、少しでも違和感を持ったなら、**「本当にこれは自分の望むことなのか?」と問い直すことも大切**です。

私はどうしたいのか、どうなりたいのか——。

何度も言いますが、頭で考えるのではなく、ハートに聴いてください。**心が動かないものは採用しない**ということです。

一人で考えると行き詰まる場合は、信頼できる人たちにアウトプットをしたりして、自己開示をするのもおすすめです。人と会話することで、自分の本当に望むことがわかってくるケースもあります。

ただし、そのときに相談するのは、「あなたが信頼できる人」「あなたを無条件に応援してくれる人」にしてくださいね。

STEP 2

潜在意識に刻む

理想の自分を具体化できたら、未来の自分のイメージを潜在意識に刻みます。

潜在意識の扉が開くのは、リラックスしているときと、わくわくしているときです。

ステップ1でわくわくしながら理想の自分を明確にした時点で、潜在意識に刻まれていきますが、より強力に刻むためにおすすめの習慣があります。

それが、私が人生を変える大きなきっかけになった「ピンクの呼吸法」です！

潜在意識を書き換える「ピンクの呼吸法」

1章でも話したように、「ピンクの呼吸法」との出合いは中学2年生のとき。

私はこの方法で、二重が1カ月で定着する、勉強で学年1位になる、別人のように明るくなる、1カ月で7人に告白される、1億円を納税するなど、願った通りの現実を叶えてきました。

「現実は自分がつくっている」という確信のきっかけとなり、私の人生を大きく変えた方法です。やり方は以下の通りです。

潜在意識が書き換わりやすい、寝る前の時間に試してみてください。

ピンクの呼吸法を行うと、リラックスするので安眠にもつながりますよ。毎晩の習慣にするのがおすすめです。

①口から息を10秒間吐く。吐くときに、疲れ・恐れ・不安・葛藤・緊張などネガティブなものが全部出ていくイメージをする
②鼻から5秒かけて息を吸いながら、キラキラ輝くキレイなピンク色の空気が全身の細胞に染みわたって輝くイメージをする
③体をすみずみまでクリーニングするイメージで、①②を5～10分繰り返す
④汚いものが体の中から全部出切ったと思える瞬間がきたら、理想のなりたい自分をイメージし、それが叶ってうれしい場面を想像してニヤニヤする

できるだけ五感を使って、自分が最も望む場面をイメージするのがコツです。

願望はたくさんあるとエネルギーが分散するので、初心者の方はまず1つのテーマに絞りましょう。

例えば、中学2年の頃の私のように二重まぶたになりたいと思ったら、まずは二重まぶたになった自分をイメージすることに集中します。そして、そのイメージを2〜3カ月続けてみてください。それが叶ったら、次のテーマに進みましょう。

ピンクの呼吸法とともにイメージをすることは、とっても簡単なのに、効果はバツグンです！

STEP 3 浮かんだことを楽しみながら即行動する

潜在意識に願望を刻みながら、日常の中でパッと頭に浮かんだことを、浮かんだ瞬間に行動しましょう。**直感は浮かんだそのときがタイミングで意味があるので、浮かんだら間髪入れずにすぐに行動していきます。**

このフットワークの軽さが重要なのですが、心の感度が高まり、わくわくした理想の自分をしっかりイメージできていると、身体が勝手に動き出しているはずです。

未来の自分から「答え」をもらう

直感がピンとこない方は、未来の自分と会話してみましょう。

たとえば、**3年後に理想の自分になりたいと思うのならば、3年後の自分に「今、私は何をしたらいいですか？」「大事にしたほうがいいことはありますか？」と聞い**

てみます。

すると、「○○をやったらいいよ」とか「○○に行ったほうがいいよ」など、何かしらの答えを教えてくれます。それを全部書き出してください。

そして、それを1つずつ、どんどん行動していきましょう。

落ち込んだとき、うまくいかないときなども、未来の自分と対話するといろいろなことを教えてくれますよ。

もし、何も浮かばない、聞こえてこないという場合は、前述したように「理想の自分に近い人（モデル）を探してインタビューする」のがおすすめです。

たとえば、「YouTuberを目指しているけれど、なかなか登録者数が増えなくて悩んでいる」なら、人気のYouTuberに会いに行ってみます。

そして「どうしたらそうなれるのか」「日常生活で気をつけていること」など、彼らが何をしてきたのかを聞いてみてください。

これは、**理想の自分になる一番の近道**です。当たり前のようですが、意外とやっている方が少ないのも事実です。

すぐには会えない相手の場合は、ＳＮＳなどを使ってコンタクトを取ってみるのもいいでしょう。

特にビジネスの場合は、先駆者が実践しているノウハウを学ばないと、なかなか結果が出ないものです。私が今まで最も投資してきているのはこの部分で、その分野のプロの方に直接相談できる機会があるならば、迷わず投資をします。すると、結果が出る速度が加速します。

モデルになる人が周りにいない場合は、「理想の自分を先に叶えている人はどこにいるんだろう？」というわくわくのエネルギーで探しましょう。

「どうせ、そんな人いないよ」と思いながら探すのと、「必ずいるはず！」と思って探すのでは、見つかる速さもまったく違ってきます。

モデル探しは、探すときの自分の状態から始まっていると思ってくださいね。

豊かさのエネルギーが充満する「ゴールド瞑想」

ピンクの呼吸法をレベルアップさせた、ゴールドのエネルギーを取り込む瞑想《めいそう》です。1日を最高の気分で始めたい日や、集中力を要する作業をする前などに試してください。エネルギーが調整されて、思いがけないうれしい出来事がたくさん起こるようになります。

YouTubeではリラックスできる音源と共に、私が誘導している動画もあります。ぜひそちらも併せて活用してみてください。

①イスに座ったり、横になったりしながら、リラックスした体勢をとる。ゆっくりと目を閉じて、呼吸に意識を向ける

②口から息を吐く。吐くときに、疲れ・恐れ・不安・葛藤・緊張などネガティブなものが全部出ていくイメージをする

③鼻から息を大きく吸う。キラキラ輝くゴールド色のキレイなエネルギーが細胞1個

ー個に染みわたっていくイメージをする。呼吸をするごとに体からどんどん力が抜けていくのを感じながら行う。②③を10〜20分繰り返す

④体の中のネガティブなものが全部出たと思える瞬間がきたら、ゴールドの筒が体を突き抜け、地球の真ん中とつながり、グラウンディングしているところをイメージする

⑤ゆっくりと目を開いて意識を戻す

YouTube

運が強烈によくなる「モーニングルーティン」

ここで紹介する「モーニングルーティン」を毎日取り入れるようにしたところ、年収が上がったり、いい出会いがあったりなど、ラッキーなことが頻発しました。YouTubeでも紹介したところ、視聴者の方から最も反響があったのがこちらです。全部行わなくてもいいので、できる範囲で取り入れてみてください！

YouTube

①朝起きたら、家中の窓を開けて空気を入れ替える　→86ページ

②朝日に向かって「ご先祖様への誓い」を立てる　→135ページ

③鏡に向かって微笑み、自分を褒める　→183ページ

洗面台で鏡を見て微笑みながら、「今日も可愛いね」「いけてるね。またキレイになったじゃん」「今日も絶対いいことあるね」と、鏡の自分に話しかけます。最初は抵抗があっても、ずっと言い続けていると本当にそんな気になってきます。

④洗面所の水滴をキレイに拭く　→117ページ

⑤素手でトイレ掃除をする　↓88ページ

最初は抵抗がありますが、慣れると平気です。汚いものにも目を向けて、感謝の気持ちを持てるようになることで人生が好転します。

⑥六方拝　↓139ページ

⑦体を動かす

ラジオ体操やストレッチなどでOK！　朝から運動をすると、「運を動かす」ことにつながります。

⑧外に出て出会った人に自分から挨拶をする　↓123ページ

朝日を浴びながら、20分くらい散歩をすると脳の回転率がアップ。

⑨氏神様に感謝をする

近所の氏神様に参拝して、今日も元気に生かされていることに感謝を告げます。

⑩スムージーを飲む

フルーツと野菜、大豆たんぱくがとれるソイプロテインを入れて、ミキサーにかけるだけ。味覚がリセットされて感覚も研ぎ澄まされ、肌ツヤもよくなります。

幸福感がみるみる高まる「腸活習慣」

ストレスや不安を感じやすい方は、ぜひ腸内環境を整えることにチャレンジしてみてください。

私も取り入れている「セロトニンが出やすくなる習慣」を集めましたので、ぜひ実践して幸福感を高めてください。

- **朝晩にコップ一杯の白湯を飲む**
- **朝晩に「ピンクの呼吸法」または「ゴールド瞑想」を行う** ↓230ページ
- **日光を浴びる** ↓87ページ
- **30分間、リズムよく歩く**

  まずは5分から、一駅分歩いてみるなど少しずつ歩く時間を増やしていきます。
- **週に1回ファスティングを行う** ↓96ページ
- **不自然なものを手放す** ↓72ページ

●食物繊維が豊富な食材（海藻類、きのこ類など）を取り入れる
特に水溶性食物繊維が豊富な食材でデトックスします。
●発酵食品（納豆、キムチ、糠漬け、発酵調味料など）を取り入れる
善玉菌を増やして腸内環境を整えます。
●食べ物は30回以上咀嚼して味わって食べる　↓97ページ
●1日に2ℓの水を飲む　↓97ページ
●ゆっくりと動く　↓133ページ
●口角を上げる　↓183ページ
●入浴で身体を温める
●寝る2時間前からスマホやパソコンを触らない
●夜の10時から2時の間は就寝する
寝ている間も腸が活動しやすいように睡眠の質を高めます。

おわりに

中学2年生の頃。

本文でもお伝えしたように、当時の私はまったく自分に自信がないし、両親のことも信じられない。学校に行けば、先生や同級生の悪口で盛り上がる人たちが目に入る。好きでもない部活に「入らなければならない」と嫌々入部し、心と身体の病気になりました。生きる希望を見失っていたのです。

そんな絶望の淵にいたときに、インターネットがきっかけで、「潜在意識」の可能性を知りました。手探りで実験したところ、見た目も性格も成績も、すべて理想の状態に変わっていきました。

そのときから、**「自分の人生は自分でつくれる」「どんな状況が起きても、すべては自分次第だ！」**と確信し、希望を持って生きることができました。

「自分は不幸だ」と勝手に思い込んで生きていただけだ、と思い知らされたのです。

「今、自分が生きていること」これがどれだけすごいことなのか。
生きているこの世界の見かたさえ変われば、人生が大きく変わっていきます。今、世の中が大きな変革の最中にあり、殺伐としている状況で幸せに生きるためには、**今まで以上に「心の在り方」が大切になる**でしょう。

生きづらさを感じている人がまだまだ多い世の中。私が生きる希望を見出せた「自分の可能性の素晴らしさ」「心の筋力を強める方法」を、このタイミングだからこそ、できるだけ多くの方に広げたい……。そう思っていたときに、KADOKAWAの河村さんが、私のYouTubeの感想とともに出版のご依頼をくださいました。

「今まで私が人生の先輩方に教えていただき、実践してきて変化があったことを、この本に詰め込もう」

私はありがたいことに、素晴らしい師に恵まれてきました。潜在意識について教えてくださった尾崎さん、酒井さん。心の在りかたについて教えてくださった田畑会長、山路会長……。ほかにも書き切れないほどの方々に、道を示していただいてきました。

恩送りとして、この教えをたくさんの方に届けたい――。そう考え、メルマガ読者の方々に私の想いをぶつけたところ、1000名以上の方が「共にこの本を世の中に広げよう！」と「Honami応援団」としてエントリーしてくださいました。

潜在意識にまだ出合っていない方々の手にこの本を届けるために、本のタイトルやデザインについて意見をくださったり、初めての出版で弱気になっている私を励ましてくださったり、発売前にビジネス書の売上週間ランキングで1位になると自分のことのように喜んでくださいました。

出版が初めての私に、河村さんをはじめとするKADOKAWAの皆様、編集協力いただいたRIKAさんも、丁寧に寄り添ってくださり、無事にこの本が完成しました。

たくさんの方の「世の中がより良くなってほしい」「目に見えない無限の可能性がより多くの人に届いてほしい」という想いが、この本に詰まっています。

そして、この本を手に取って、ここまで読んでくださったあなたへ。

今、どのようなお気持ちでしょうか。

本の内容は、実践できたでしょうか。
心の変化はありましたか。
何か現実の変化はありましたでしょうか。
あなたとお話ししたくて仕方ありません！

とにかく実践し続けることが大切ですが、これから先、一人で実践し続けられるか不安な方もいらっしゃると思います。
そこで、ここまで読んでくださったあなたのためにプレゼントを用意しました。こちらのＱＲコードよりＬＩＮＥのお友だち追加をしていただくと、より深くこの本の内容を腑に落とすための音声や動画をプレゼントしています。（ＬＩＮＥで「@honami2021」をＩＤ検索しても、お友だち追加ができます。@もお忘れなく）
あなたとＬＩＮＥでつながることができると思うと、わくわくします！
また、あなたのように、この本の内容を実験している仲間がＩｎｓｔａｇｒａｍやＴｗｉｔｔｅｒ上で「#ほなチャレ」「#大丈夫すべて思い通り」というハッシュタグで、実践や体験談を投稿してくださっています。とってもエネルギーが上がる投稿ばかりですので、ぜひ見てみてください！

そして、あなたにも、実践してみたことや、変化があったことなど、投稿していただけたらうれしいです。私もすべて見にいきます！


私のビジョンの一つに、**「心から幸せに生きる方々が、心でつながる輪づくり」**というものがあります。本の中でお伝えしていた、愛と感謝のエネルギーで生きる方々がつながり、成長し合える場を創造したいと思っています。

そのビジョンを実現できるフィールドの一つがSNSです。

この本に書かれているような内容に興味を持ってくださった24万人以上の方々が、YouTubeやInstagram、Twitter等のSNSで私をフォローしてくださり、今でも増え続けています。皆様がご自身の変化や感動とともに、それを大事な方にも伝えてくださっているようで、口コミで喜びが伝染していっています。

そうして喜びが循環することで、世の中がどんどん良くなると思うと、私自身とてもわくわくしています！

これから世の中にどんなことが起きたとしても、大丈夫！
あなたの心によって、すべて思い通りに現実がつくられていきます。

これからあなたと共にさらに明るい方向に向かって、楽しみながら歩んでいけたらうれしいです。

最後に、私が苦しんでいたときから、いつもそばで応援してくれている旦那様。大親友のかおりん、まいさん、みかさん。潜在意識コーチングの卒業生、潜トレ生、ＴｅａｍＷのお仲間……。出会い、関わってきてくださったみなさまのおかげで、今の私があります。本当にありがとうございます。

どこかであなたに笑顔でお会いできますことを、楽しみにしています。
これからの世界がますます、愛と平和で満たされますように……。

２０２１年３月11日

Ｈｏｎａｍｉ

Honami（ほなみ）

潜在意識の実践家。静岡県生まれ。中学2年のときに潜在意識を知り、「一重まぶた・暗い・成績ビリのダサい自分」を「二重まぶた・明るい・成績トップのモテる自分」に変えることに成功。その後も人生を激変させ続ける。脱サラ・起業後、一時は借金生活で家賃も払えない状態から、2018年にI management株式会社を創立し、今では年商数億円を達成。潜在意識を活用して「心身の健康」「心でつながる人間関係」「お金と時間の自由」「自己成長」のすべてをバランスよく豊かに得る人を増やすことがビジョン。そのための方法をYouTubeやInstagramで発信し続けている。

YouTube　https://www.youtube.com/c/Honamicollege
Instagram　@honamicoach
Twitter　@honamicoach

大丈夫《だいじょうぶ》！すべて思《おも》い通《どお》り。
一瞬《いっしゅん》で現実《げんじつ》が変《か》わる無意識《むいしき》のつかいかた

2021年3月11日　初版発行
2022年9月5日　7版発行

著者／Honami《ほなみ》

発行者／青柳 昌行

発行／株式会社KADOKAWA
〒102-8177　東京都千代田区富士見2-13-3
電話 0570-002-301（ナビダイヤル）

印刷所／大日本印刷株式会社

ISBN 978-4-04-605084-7　C0095